W0192540

Kirsten Fuchs ist Schriftstellerin, Lesebühnenautorin und Kolumnistin und lebt in Berlin. 2003 hat sie den Open Mike gewonnen. Sie schreibt regelmäßig Kolumnen für »Das Magazin« und ist Mitglied bei der Lesebühne »Fuchs und Söhne«. Zuletzt erschienen: »Kaum macht man mal was falsch, ist das auch wieder nicht richtig« (Voland & Quist), »Mädchenmeute« (Rowohlt Berlin).

Verlag Voland & Quist, Dresden und Leipzig, 2015
© by Verlag Voland & Quist GmbH
Lektorat: Das Magazin
Umschlaggestaltung: Tim Jockel, Berlin
Satz: Fred Uhde, Leipzig
Druck und Bindung: C.P.I. Moravia, Czech Republic

www.voland-quist.de

KIRSTEN FUCHS

Eine FRAU spürt so was nicht

Verlag Voland & Quist

Inhalt

Versuchsanordnung

Wie die Liebe anfängt

Modell 1: *Gar nicht*
Bedeutet: Es fängt gar nicht an.
Beispiel: Ein Lehrer versucht, einen Wiedehopf an einer Tafel zu befestigen. Der Wiedehopf fällt herunter, denn Wiedehopfe sind nicht magnetisch. Die Tafel ist zwar magnetisch, aber der Wiedehopf eben nicht. Der Wiedehopf ist auch nicht klebrig und die Tafel ebenso wenig. Wiedehopf und Tafel können sich nicht ineinander verlieben, sie empfinden das nicht als Verlust. Der Lehrer war der Zufall, aber das reicht eben nicht.

Modell 2: *Gar nicht, aber auf eine andere Art*
Bedeutet: Einer verliebt sich, der andere nicht.
Beispiel: Ein Eichhörnchen versucht, eine Nuss zu öffnen. Das Eichhörnchen hat keine Zähne. Das Eichhörnchen ist also gar nicht in der Lage, die Nuss zu öffnen. Hätte das Eichhörnchen Zähne, würde es die Nuss öffnen, die Nuss essen, die Nuss wäre leer, das ginge zu Lasten der Nuss. Eventuell liebt die Nuss das Eichhörnchen nicht, genau weil es keine Zähne hat, damit ist es eine intolerante Nuss, die ein übertriebenes Schönheitsideal hat und deshalb nie gegessen wird. Eine Nuss, die nie gegessen wird, vergammelt. Eine Nuss, die gegessen wird, wird in den Wald gekackt, wird ein Baum, darauf könnte das Eichhörnchen leben, so soll es aber leider nicht sein, das Eichhörnchen wird verhungern. Schade!

Modell 3: *Gar nicht, aber auf eine ganz andere Art*
Bedeutet: Beide verlieben sich, sind aber zu scheu.

Beispiel: Zwei Stehlampen verlieben sich in einem Möbelhaus ineinander, aber sie geben kein Licht. Sie können sich nicht anleuchten. Warum sie nicht leuchten, kann viele Gründe haben: kein Strom, Glühbirne kaputt, Stecker nicht drin. Es sind keine Gehlampen, sondern Stehlampen, darum kann keine zur anderen gehen. Das ist fatal!

Modell 4: Es wächst
Bedeutet: Aus langer Freundschaft wächst Liebe.
Beispiel: Ein Trampolin kann nur mit einer Spargelsuppe über alles reden. Nachdem sie über alles geredet haben, springt das Trampolin in die Suppe, und beide erfahren dadurch eine Aufwertung.

Modell 5: Na gut
Bedeutet: Einer gibt sich geschlagen und lässt sich aus Erschöpfung erobern.
Beispiel: Ein Eichhörnchen versucht, einen Sessel zu pflanzen. Das Eichhörnchen weiß, dass alles, was man gießt, wächst. Es gießt so lange den Sessel, bis der Sessel anfängt zu schimmeln und auf ihm ein kleiner weißer Pelz wächst. Das Eichhörnchen freut sich und streichelt den Schimmel. Dass der Sessel stinkt, riecht das Eichhörnchen nicht, denn es ist das Eichhörnchen ohne Zähne, und es hat auch keine Nase. Die Nuss hatte schon recht, das Eichhörnchen abzulehnen, es ist ein hässliches Eichhörnchen. Der Sessel ist schon lange verrottet, aber das Eichhörnchen streichelt glücklich den Schimmel. Ich kenne mindestens drei solcher Paare.

Modell 6: Im Zauber der Nacht
Bedeutet: Sie wollen beide Sex und haben darum Sex.
Beispiel: Ein Magnet lernt in einem Club einen Salzstreuer kennen. Der Magnet hat zu viel Bier getrunken, um feststellen zu können, ob der Salzstreuer aus Metall

ist. Der Salzstreuer weiß auch nicht mehr, ob er aus Metall ist. Sie verhalten sich erst mal, als wäre es so.

Modell 7:   *So soll's sein*
Bedeutet: Beide finden sich sofort schau.
Beispiel: Die Stehlampe kann plötzlich gehen, ein Salzstreuer hat genau auf diese Stehlampe gewartet, eine Nuss hält an einer Tafel, das Möbelhaus findet das Eichhörnchen ohne Zähne und Nase irgendwie süß, der Lehrer entdeckt hinterm Haus ein Trampolin und freut sich voll, ein Magnet zieht Spargelsuppe an, ein Sessel lernt einen Wiedehopf kennen und kann plötzlich fliegen. Wunder über Wunder. Es muss nicht wirklich passen, es muss sich nur gut anfühlen.

WIE ES MIT DER LIEBE WEITERGEHT, WENN ES ANGEFANGEN HAT

Modell 1:   *Huch, passt ja gar nicht*
Bedeutet: Huch, passt ja gar nicht.
Beispiel: Leider stellen alle Beteiligten fest, dass Wunder nicht anhalten: Die Stehlampe kann nicht mehr gehen, kein Stück, dem Salzstreuer geht das Schnarchen auf den Keks, die Nuss fällt wieder von der Tafel, das Möbelhaus findet das Eichhörnchen ohne Zähne und Nase nach zwei Jahren gemeinsam frühstücken nicht mehr süß, außerdem hat das Eichhörnchen einen Bierbauch bekommen, der Lehrer will nicht mehr Trampolin springen, ihm ist schischi im Kopf davon, den Magneten zieht es woandershin, die Spargelsuppe wird kalt, ein Sessel kann nicht fliegen, er fällt auf die Schnauze, der Wiedehopf will im Winter immer nach Süden, aus und vorbei.

Modell 2:   *Keine Langstreckenläufer*
Bedeutet: Die Puste geht aus.

Beispiel: Eine Pflanze, die nicht gegossen wird, ein Schlüpfer, der viel getragen wird, ein Lagerfeuer, in das kein Holz nachgelegt wird, ein Ski, der nicht gewachst wird, eine Fahrradkette, die nicht geölt wird: wirft die Blüten in den Dreck, leiert in der Hüfte aus, brennt sich zu Glut, bleibt im Pappschnee kleben, quietscht irgendwann nervtötend.

Modell 3: Jetzt bin ich hier, wo soll ich denn sonst hin (Mischung aus Modell 1 und Modell 2)
Bedeutet: Die Puste geht aus, und huch, es passt nicht, aber egal.
Beispiel: Ein Silikonimplantat zerplatzt in einer Brust. Es ist nicht genug Geld da, um zu operieren, denk an die Kinder, denk an das Haus. Es heißt ja nicht umsonst: »Bis dass der Tod euch scheidet.«

Modell 4: Symbiose bis zum Umfallen
Bedeutet: Wenn man nicht genau hinsieht, kann man auch »sich ergänzen« dazu sagen.
Beispiel: Zwei Wiesel nagen sich zwei Beine ab, jeder sich selbst oder jeder dem anderen oder ein Wiesel sich selbst zwei und dem anderen zwei, egal. Zwei Wiesel mit zwei Beinen. Beide Wiesel können nur zusammen humpelnd vorwärtskommen.

Modell 5: Langstreckenläufer
Bedeutet: Glück, würd ich mal sagen.
Beispiel: Zwei Kastanien rollen nebeneinander den Berg hinunter. Manchmal kollidieren sie, mal rollt die eine, mal die andere vor, manchmal jauchzen sie.

Sind Männer wie Dielen?

Es war an einem Frühlingsabend, der sanft und geheimnisvoll ein Licht aus Zärtlichkeit über die Alleen von Berlin hätte streicheln können, ein Busseln in den Straßencafés, ein Balzen aller Lebewesen, das Blühen der Bäume nur für dich, ein Singen der ewigen Befruchtung, als zufällig achtzig Prozent der Frauen in Berlin prämenstruale Zicken bekamen und darum mit der besten Freundin saufen gingen. Auf der Straße war kein Mann. Sie saßen verängstigt zu Hause, und zwischen den Bürgersteigen sirrte der unbefriedigte Hass trockener Frauen mittleren Alters.

Doreen ging mit Jana was trinken. Erst hatten sie überlegt, ob sie mal was anderes machen sollten, als in der Kneipe zu sitzen: Kino, tanzen, einfach was anderes, aber sie waren doch wieder was trinken gegangen.

Dann überlegten sie, ob sie mal was anderes trinken sollten als Bier: Wein, Cocktails, dann hatten sie Bier bestellt. Beim ersten Bier sprachen sie noch über dies und das und jenes, beim zweiten über das und jenes und dies, und beim dritten blieben sie bei jenes hängen: erst Männer allgemein, dann Männer im Speziellen. Sie hatten das Thema umzingelt, eingekreist, sich rangepirscht. Jetzt waren sie da, und da blieben sie auch die nächsten Biere. Beide schilderten ausführlich, wie unfähig ihre aktuellen Bettgefährten wären, sich zu binden, ohne dabei zu denken, es ginge um das Verbinden der riesengroßen Wunde Freiheit, die blutete und blutete, weshalb es besser wäre, den Verband immer mal zu wechseln. Dabei ist jeder Verband nur wieder ein Verband, fanden Doreen und Jana, beide Krankenschwestern, die verstanden was von Verbänden. Es fing doch immer gleich an, entwickelte sich gleich und endete gleich: Landete man nicht immer wieder besoffen mit einer Freundin bei diesem Gespräch, ach, am Anfang war alles so und so, und dann verschwand das eine so und das andere so, und zurück blieb die Sprachlosigkeit? Sie belegten ihre Anschuldigungen den Männern gegenüber mit demütigenden Geschichten, akribischen Beweisen, und Hunderten von Belegen dafür, wie unsensibel und unaufmerksam die beiden Stiesel seien, denen sie so großzügig ihr Herz geschenkt hatten. Ach, ach, Prost.

»Weißt du«, sagte Doreen zu Jana, »weißt du, mir geht es auf den Keks, dass ich den Mann beziehungsfähig mache, und dann profitiert davon eine andere Frau. Das ist doch unfair.«

So sagte es Doreen, »beziehungsfähig machen«, wie man ein Auto flott macht, ein Fahrrad repariert, einen Keller entrümpelt oder einen Hund dressiert. Und sie fragten sich, warum sie sich die Mühe machen sollten, den Hund zu dressieren, dass er Sitz macht, dass er Fick macht, dass er Romantik macht, wenn der Hund dann wegläuft? Der HUND!!

»Was ich schon alles investiert habe!«, stimmte Jana Doreen zu. »Ich habe so viel gegeben, und das nimmt er alles mit. Er ist mit der Zeit richtig gut geworden im Bett. Er hat sich gemerkt, dass es wichtig ist, zu wissen, wann wir Jahrestag haben, und dass er ein schlechtes Gewissen zu haben hat, wenn er ihn vergessen hat. Und es ist gut, wenn er ihn vergisst, dann bekomme ich ein viel größeres Geschenk.«

Sie kicherten.

»Investieren« sagte Jana, wie in eine Aktie, ein Geschäft, eine Firma, die ohnehin wieder Konkurs anmeldet. Und dann nimmt der Hund, das Auto, das Fahrrad, der Keller die Firma, die Konkursmasse mit, und es kommt einer völlig fremden Frau zugute.

»Wie unfair!«, sagten Jana und Doreen

»Wie unsinnig!«

»Wir müssen dann wieder von vorne anfangen mit dem Nächsten, gerade, wenn der Alte fast fertig ist.«

Ja, ja, Prost.

»Weißt du!«, sagte Jana zu Doreen. »Vielleicht machen gerade andere Frauen dieselbe Arbeit für uns, Jetzt gerade im Moment formen sie unsere zukünftigen perfekten Männer, mit denen wir uns, so wie sie momentan noch sind, nur herumärgern müssten. Sie werden für uns fertiggestellt, und wir treffen sie erst, wenn sie aus fremder Frauenhand handzahm weglaufen, direkt zu uns.«

Doreen war begeistert. »Das ist ja wie ein Ringtausch, bei dem wir uns alle ununterbrochen verbessern. Es kann nur besser werden. Das ist, wie wenn man die Dielen in einer Wohnung abschleift und dann auszieht. Dann hat ein neuer Mieter schöne Dielen.«

Jana sagte, dass sie schon dreimal Dielen abgeschliffen habe, sie wäre jetzt langsam dran, dass sie in eine Wohnung zieht, wo das schon erledigt ist.

»Und woran merken wir, ob der Mann schon eine abgeschliffene Diele ist?«, fragte Doreen.

Tja, tja, Prost.

Ihre Idee ging nicht ganz auf. Manchmal lackieren Menschen schon geschliffene Dielen wieder farbig, oder sie kleben Teppich darauf. Das hieß, andere Frauen verkorksten gleichzeitig auch ihre zukünftigen Männer. An den Tischen ringsum summten die Trennungen in die Frühlingsstadt, in der in den nächsten Wochen die alte Leier ausgepackt werden würde, um ein schmalziges Lied darauf zu lügen. Die Frauen hockten hässlich in ihrem eigenen Geschlecht. Es machte keinen Sinn, die Haare um den Finger zu wickeln, die Lippen zu befeuchten, die Augenbrauen zu heben. Nur Frauen unter Frauen, und der Kellner war schwul. Der Frust soff mit, die Enttäuschung schluckte. Es würde lange, quälende Telefongespräche geben in dieser Nacht.

»Lass uns morgen darüber reden, du bist ja besoffen!«, würden die Herren versuchen, das Gezeter aus dem Ohr zu bekommen.

Jana und Doreen seufzten schwer.

Darum hier jetzt der Aufruf an alle Frauen: Verlasst eure Männer, wie ihr sie vorfinden wollt. Dasselbe gilt für öffentliche Toiletten und Dielen.

Schatz und Liebchen

Schatz und Liebchen waren seit fünf Wochen Schatz und Liebchen. Davor waren sie zwei einzelne traurige Mehrzeller mit Körperbehaarung an unterschiedlichen Stellen, aber auch an den gleichen Stellen. Nur Namen, nur Gestalten. Sie waren nur nahrungsaufnehmende Münder, die sagten: »Halloundsonstso? Najaokaytschau.« Dann hatten sie begonnen, ihre Münder aufeinanderzupressen, als ob das etwas besser machen würde, und es machte alles besser.

Jetzt waren sie schwingende, summende, schnurrende Mehrzeller, die sich ihre Körperbehaarungen gegenseitig zeigten und darin ihr Glück suchten und fanden. Sie rieben sich aneinander, bis kleine Röllchen abgerubbelter alter Haut entstanden, die zu Boden schwebten wie Rosenblätter, die das Bett umzogen wie ein Bannkreis, den man nicht verlassen will. Also blieben sie eben im Bett.

Vorher waren sie nur zwei Wohnungsbewohner zweier Wohnungen gewesen, die ihr Telefon brauchen, um bei der Welt draußen anzurufen und dann zu sagen: »Halloundsonstso? Najaokaytschau.«

Aber jetzt waren sie Schatz und Liebchen. Sie wohnten in sich selbst: Schatz in Liebchen und Liebchen in Schatz, und weil das so schön war, wohnten sie auch in sich selbst viel lieber: Schatz in Schatz und Liebchen in Liebchen. Sie putzten die Fenster, die vorher nur starrende Augen waren, und die Scheiben blitzten, funkelten und strahlten. Sie standen hinter den Fenstern und winkten sich zu mit selbst gebastelten Winkelementen aus rosa Velourpapier. Der ganze real existierende Kitsch der Liebe regnete auf sie herab und ließ die ranken und schlanken Klettertriebe der Gefühle der Menschen in der modernen Zeit der Schnelllebigkeit wachsen.

Ihre Münder sagten nicht mehr nur: »Halloundsonstso? Najaokaytschau.« Sie sagten sich ganze Schlagertexte, ohne sich zu schämen. Schatz sagte: »Ich schenke dir den Himmel über Marzahn«, und Liebchen erstrahlte einen Stern. Liebchen sagte, sie schenke Schatz dafür das Herz, das nur für Schatz gewachsen sei, und Schatz erstrahlte ebenfalls einen Stern. Es wurde hell im Zimmer. Schatz sagte: »Mit dir ist mir die Rechtschreibung egal, ich schreibe wunderbar groß«, und Liebchen erstrahlte ganze Sternbilder neu, das große Wagen, der kleine Muschibär und nie wieder Jungfrau. Schatz sagte in Liebchens Ohr, dass Liebchen die Sommerliebe bis ans Ende des Lebens wäre und ab jetzt sowieso immer Sommer. Liebchen erstrahlte eine ganze Milchstraße.

Die Spinnen in den Zimmerecken mussten kotzen von so viel Geseier. Sie erhängten sich freiwillig in ihren Netzen. Die Fliegen im Schlafzimmer konnten es nicht mehr ertragen und schlugen ihre Köpfe gegen die Fensterscheiben. Dann fanden sie einen Ausgang und flüchteten zu den Nachbarn Olle und Arschloch, die stumm monoton ihre Hände um den Hals des anderen legten, aber zu träge waren, dem Ganzen ein würdevolles Ende zu bereiten. Die Fliegen ließen sich in diesem Gestank nieder und warteten das dramatische Ende ab, welches für sie ein Festmahl werden würde.

Am schlimmsten von allen Insekten traf es aber die Mücken, die von Schatz' und Liebchens Blut getrunken hatten. Einige der Liebesblut-vollgesoffenen Mücken taumelten hinaus in die Berliner Nacht, wo sie in wahnwitziger Selbstüberschätzung versuchten, türkische Gangs zu verprügeln, Autos zu stechen, Mülltonnen umzuschubsen und Banken auszurauben. Sie starben schnell und sehr glücklich.

Auch die Freunde von Schatz und Liebchen litten. Jeder dieser Freunde hatte vorher behauptet, er wolle nichts anderes für die beiden, als dass sie wieder glücklich seien. Jetzt, wo sie es waren, waren sie widerwärtig glücklich, ekelerregend. Drei Menschen starben beim Zukucken, wie Schatz und Liebchen sich anschielten, zwei Menschen wurden blind, vier Paare trennten sich, weil sie so nie werden wollten.

Schatz und Liebchen hatten, außer sich selbst, allen nur Kummer und Leid gebracht, aber davon nicht einmal etwas mitbekommen, weil sie Schwäne im Ohr hatten, Tauben, Rosen, Kerzen, Kondome.

Dann kam der schreckliche Tag, an dem Schatz und Liebchen sich für zwei Tage trennen mussten. Weh und Ach, Wei und Oh! Welch gemeiner Schachzug des Lebens riss die beiden, die doch weiße Königin und weißer König waren, so derb auseinander? Was für eine Grausamkeit des Lebens tat ihnen so etwas an? Die Tante von Liebchen war verstorben, sodass das Wochenende darauf die Beisetzung sein sollte. Am Wochenende! Wo Schatz und Liebchen zusammen so wichtige Dinge zu erledigen hatten: Leberflecken zählen und Geschichten erzählen z.B. Aber nein, die Tante starb, und Schatz und Liebchen mussten ihre Finger auseinanderflechten, obwohl ihr Gefühl ihnen sagte, dass ihre Finger auch seine Finger waren und seine Finger auch ihre und seine Hände ihre Hände und ihre Hände seine Hände – dass ihre Hände eben ihre Hände waren. Sie entwirrten ihre Arme, sie verringerten den Unterdruck ihrer angesaugten Münder, die so fest verbunden waren wie die Magdeburger Halbkugeln, die keine zehn Pferde auseinanderbekamen. Sie mussten sich Kleidung anziehen, Kleidung, die ihre Körper voneinander trennten, was sich so unnatürlich anfühlte, wie eine Mauer durch ein Land zu bauen.

Liebchen packte den Koffer, und Schatz schaute weinend zu. »Ich nehm dich einfach mit!«, sagte Liebchen und zerrte Schatz in den Koffer. Sie kopulierten mit klammernden Körpern den kakifarbenen Koffer kaputt. Und das sollte nun zwei Tage nicht möglich sein! Sie weinten New Orleans' Straßen landunter.

Dann standen sie an der Tür, zwischen ihnen die Türschwelle. Sie wussten ihre Saugnapfaugen nicht zu lösen. Es schmerzte, etwas anderes anzusehen als ihre Augen, ihre Augen waren ihre Augen, seine ihre, und ihre seine, ihre ihre.

Liebchen wandte sich ab und floss die Stufen hinab, floss aus dem Haus, durch den Park, und tränenblind sah Liebchen Schatz auf dem Fahrrad. Er war ihr hinterhergefahren. Schatz sprang vom Rad, das Rad fiel um. Einen letzten Kuss! Einen letzten halbstündigen Kuss!

Dann schleppte sich Liebchen in die U-Bahn, und an jeder Station stand Schatz, pochenden Herzens vom Fahrradfahren, Fahrrad am Bahnhof anschließen, Rolltreppe herunterrennen, Liebchens Gesicht suchen. »Schatz!«, schrie Liebchen. Ein letzter Kuss, zersägt von der U-Bahntür. Lalülala, sang das Signal zum Türenschließen das traurige Lied.

Schatz stand auf dem Fernbahnhof mit Rosen. Ein letzter Kuss. Der Zug fuhr über X, X, X, X, X und X. In X stand weinend Schatz mit Rosen, und in X stand weinend Schatz mit Rosen, und in X stand weinend Schatz mit Rosen, und in X stand weinend Schatz mit Tulpen – Schatz war immer für eine Überraschung gut. Letzte Küsse. Mit sehr, sehr, sehr vielen Blumen stieg Liebchen am Zielbahnhof aus, wo Schatz mit noch mehr Blumen stand. Es war so schwer, Abschied zu nehmen. Schatz war schweißgebadet vom Radfahren, Liebchen tränenüberströmt vor Sehnsucht. Was hatte ihr Schatz gefehlt zwischen X und X!

Liebchen weinte die ganze Beerdigung durch, ließ alle Blumen von Schatz am Grab der Tante zurück, weil sie es nicht ertrug, durch die Blumen an Schatz erinnert zu werden, der so weit entfernt war. Schatz stand beim Leichenschmaus hinter der Restaurantscheibe und schaute Liebchen an. Liebchen bekam keinen Bissen herunter.

»Ich muss heute abreisen, ich ertrage es nicht«, beschloss Liebchen und eilte zum Bahnhof, wo Schatz mit Rosen stand und fragte, ob er sie in Berlin vom Bahnhof abholen solle.

»Oh bitte, je früher das alles aufhört, umso besser!«, hauchte Liebchen und stieg in den Zug, schaute aus dem Fenster, wie Schatz auf einem Feldweg radelte, als wäre der Teufel hinter ihm her.

In X fragte Schatz, ob er Liebchen mit Blumen abholen solle, als Überraschung.

»Ja!«, hauchte Liebchen. »Aber überrasch mich doch mal und bringe keine mit.«

In X stand Schatz mit Blumen auf dem Bahnhof.

»Nein!«, hauchte Liebchen. »Ich will nur dich. Keine Blumen mehr.«

Schatz stand in Berlin am Bahnhof und hatte als Entschuldigung, dass er Liebchen immerzu Blumen geschenkt hatte, Blumen dabei.

Nach der Trennung

1. Tag
Ich schneide mir die Pulsadern auf, und dann schlage ich im Erste-Hilfe-Buch nach, wie ein Druckverband geht, und dann mache ich das Bad sauber. Ich telefoniere mit einer Freundin, die sagt, ich solle froh sein, ihn loszuwerden, er wäre ein Muttersöhnchen. Ich finde das nicht. Er ist ja schon erwachsen. Er ist ein Muttersohn.

2. Tag
Ich habe mich getrennt. Von meinen Haaren. Ich denke über ihn, dass er mein Müll ist. Ich trenne ihn. Er ist aber auch mein Tee, ich lasse ihn ziehen. Er ist einfach ein Pups, ich lasse ihn fahren. Ich bin ich und lasse mich gehen. Ich schminke mich nicht mehr. Das heult sich sowieso ständig weg.

3. Tag
Ich will was unglaublich Dummes machen. Ich sehe fern. Wieder ein Tag weggelitten.

4. Tag
Ich schneide mir die Pulsadern auf und weiß ja inzwischen, wie ein Druckverband geht. Diesmal habe ich es in der Küche gemacht, weil ich die eh mal putzen musste. Nächstes Mal mache ich es in der Stube.

5. Tag
Mein Herz tut weh. Ich esse Bratwurst mit Auakraut. Ich spreche auf meinen AB, dass ich nicht ansprechbar bin und nicht zurückrufe, aber es ruft sowieso keiner an. Das finde ich schlimm. Ich gehe zu einer Telefonzelle und rufe mich an. Ich bin nicht zu Hause. Mein AB sagt, ich bin nicht ansprechbar. Ich lege deshalb auf. Zu Hause habe ich ein Tuten auf dem AB. Das macht mich irre. Wer hat mich nur angerufen? Hat er angerufen? Ich rufe ihn

an und frage, ob er mich angerufen hat. Er sagt nein. Ich sage tschüss und lege auf. Ich bin mächtig stolz auf mich.

6. Tag
Ich mache mir vorher einen Druckverband und schneide mir dann erst die Pulsadern auf. Das find ich clever. Dann habe ich keinen Grund, meine Stube zu putzen, und darum mache ich es nicht.

7. Tag
Eine Woche schon. Andere Frauen mussten jahrelang auf ihre Männer warten, wenn die im Krieg waren. Aber die wurden wenigstens geliebt. Ich möchte lieber, dass mein Mann im Krieg ist und mir liebe Briefe schreibt. Ich ohrfeige mich für diese Gedanken, bis ich knallrote Wangen habe. Ich treffe mich mit einer Freundin, die sagt, ich sähe gut aus, weil ich nicht so blass bin wie sonst.

8. Tag
Meine Mutter sagt, er war sowieso nicht ihr Traumschwiegersohn. Ich weiß nicht, ob ich das wichtig finde. Ich habe wieder das dringende Bedürfnis, was Dummes zu machen. Ich schneide mir einen Arm ab. In der Stube. Als ich mir einen Druckverband machen will, merke ich, wie schwer das mit einer Hand ist. Fast wäre ich verblutet. Außerdem habe ich noch meine Tage. Die Stube putze ich mit links. Abends spiele ich einarmiger Bandit und klaue Rosen aus dem Stadtpark. An den Dornen pieke ich mich. So ist die Liebe, jaja.

9. Tag
Ich kann Smileys weinen. Wenn ich im Bett auf dem Bauch liege und heule, entstehen zwei nasse Flecken, und weil ich sabber, entsteht unter den runden Flecken noch ein länglicher Fleck. Der grinst mich an. Jetzt liege ich nicht mehr allein im Bett. Mein neuer Freund trocknet ständig weg, und ich muss ihn erneuern. Dazu denke ich mir Geschichten aus, warum ich traurig bin. Ich

denke, dass ich wieder mit dem Mann zusammenkomme und er dann qualvoll stirbt. Davon muss ich nicht heulen. Davon bekomme ich richtig gute Laune.

10. Tag
Ich höre mit dem Rauchen auf und fange wieder an, höre wieder auf und fange wieder an. Dann schneide ich mir die Pulsadern auf, aber nur an dem abgetrennten Arm. Das tut nicht weh und blutet auch nicht.

11. Tag
Ich kann sein Profil aufs Kissen heulen. Na gut, ich habe vorher Zwiebeln geschnitten, weil ich gar nicht heulen musste, aber ich fand die Idee so toll. Dann habe ich es fotografiert und ihm geschickt. Dann habe ich ein brennendes Streichholz in den Briefkasten geworfen.

12. Tag
Ich schneide mir ein Bein ab, aber nur auf einem Foto. Da brauche ich keinen Druckverband machen. Ich hüpfe in der Stube herum, um es authentischer zu machen. Es ist aber autistisch. Nach einer Stunde habe ich keine Lust mehr. Nach Heulen ist mir auch nicht. Was mach ich bloß?

13. Tag
Kann wieder heulen. Kneife mich dafür in den Oberschenkel. Kann aus blauen Flecken sein Profil machen. Es ist gerade ein Straßenfest in der Nähe, und ich stelle mich mit einem Stand neben die Zuckerwatte und biete Kneiftattoos an. Ich kann Katzen und Käfer. Die Kinder verstehen mich. Sie weinen auch.

14. Tag
Ich gehe nur noch da essen, wo es ungesalzenes Bioessen gibt. Drauf geheult ist halb gewürzt. Außerdem mag ich nicht noch einmal den Spruch hören, dass der Koch verliebt ist, wenn das Essen zu salzig schmeckt.

15. Tag

Ich will was verbrennen von ihm. Da er mir keine Briefe geschrieben hat, angel ich die Briefe der Nachbarn aus den Briefkästen und verbrenne die. Dann gehe ich zur Post und lege da Feuer. Ich werde verhaftet, und endlich kann ich mich mal richtig ausquatschen. Die Polizisten hören mir stundenlang zu, sie schreiben sogar mit. Ich habe doch gewusst, dass das keine Null-acht-fuffzehn-Trennung ist, sondern eine ganz besonders schlimme. Sie machen betretene Gesichter und finden, dass ich ganz schön verwirrt bin. Wieder zu Hause, fällt mir ein, dass er mir zehn Euro geborgt hat. Ich verbrenne einen Zehn-Euro-Schein. Da ich nicht weiß, ob es genau der Schein war, gehe ich zur Bank und hebe immer wieder zehn Euro ab, bis das Konto leer ist. Danach mache ich ein Feuerchen zu Hause.

16. Tag

Ich will Fotos von ihm bemalen, mit Schnurrbart und Zahnlücke. Er hat aber schon beides in echt. Richtig schön ist er ja nicht. Ich kaufe fleischfarbenes Tippex und übermale seinen Schnurrbart. Sieht auch nicht besser aus.

17. Tag

In meinem Horoskop steht, dass es mir gut geht. Okay!

Ich und Outdoor

Sobald ich meine Wohnung verlasse, bin ich theoretisch outdoor, aber so leicht ist das nicht, denn es ist ja nicht gleich jeder outdoor, der mal eben schnell zum Bäcker geht. Für outdoor braucht man Equipment.

Letzten Sommer plante ich eine längere Wanderung und stellte mir alles ganz schön vor. Mir war schon klar, dass einfach loslaufen nicht geht, aber wie sehr einfach loslaufen nicht geht, stand überall im Internet. Das ging nämlich gar nicht. Einfach loslaufen konnten nur noch Flüchtlinge, die über die Grenze wollten. Wer in seiner Freizeit loslaufen wollte, um an seine eigenen Grenzen zu kommen, der machte sich in den Augen der Profis ohne atmungsaktives Pipapo zum Hannes des Waldes. Allerdings stellte ich später fest, dass man sich in den Augen der normalen Landbevölkerung mit buntem atmungsaktiven Pipapo sowieso zum Hannes des Waldes macht. Es blieb mir also nur die Wahl, zu wessen Hannes des Waldes ich mich machte, zum Profi-Hannes-des-Waldes oder zum Amateur-Hannes-des-Waldes. Aber all das war mir noch nicht bewusst, als ich in der Vorbereitungsphase war.

Man musste ja schon mal die Outdoor-Schuhe ein Jahr lang einlaufen, bevor man mit denen wandern durfte. Im Internet hatte ich gelesen, dass gute Schuhe eine bedeutendere Anschaffung sind als ein Spenderorgan. Die müssen absolut passen, aber absolut, wenn nicht, das mag man sich nicht ausmalen, da fault einem der Fuß ab, oder das ganze Bein verdreht sich um 90 Grad. Ich hab mich darum nicht getraut, Wanderschuhe bei Neckermann zu bestellen. Das könnte Abstoßungsreaktionen geben, die sich kein normaler Mensch vorstellen kann. Meine Füße würden im Laufen die Schuhe von sich schleudern. Außerdem muss man genau wissen, was man damit will, mit den Schuhen, Rad fahren, laufen, zum Outdoor-Bäcker gehen oder in einem Rapsfeld tanzen. Meine Eltern, die Barbaren, hatten mich in meiner Kindheit alles in Halbschuhen machen lassen. Ein richtiger

Schuh muss eins mit dir werden, und wer sich erst mal Schuhe kauft, die eins mit ihm werden, der braucht dann noch Hose und Jacke, die dasselbe leisten können. Im Prinzip kaufst du dir neue Füße, neue Beine und eine neue Haut.

Ich hatte Angst davor. Ich wusste, wenn ich damit anfange, werde ich wie die. Wer einmal richtig bequeme Kleidung hatte, der zieht dieses Gefühl vielleicht der Ausstrahlung auf das andere Geschlecht vor.

Als ich das erste Mal in einen Outdoor-Laden ging, fühlte ich mich, als ob man mir ansah, dass ich nur eine Tu-so-als-ob war, die mal reinschnuppert, die vorher ganz viel im Internet gelesen hatte. Ich stellte mich, ganz Frau von aufregend Draußenwelt, in den Knien wippend lässig an ein Regal und fummelte cool an Campingkochern herum, bis einer laut scheppernd in seinen Teleskopbeinchen einknickte. Hui, peinlich. Ich summte eine kleine Outdoor-Melodie – Hoch auf dem gelben Wagen – und sah mich weiter um. Im Laden waren nur kernige Männer, die die Alpen hochkant laufen und Kopfschmerzen in geschlossenen Räumen bekommen; die ihre Super-selbst-aufblas-Isomatten auf dem Balkon liegen haben, um da zu schlafen; die unter die Super-selbst-aufblas-Isomatten extra Gebirgsschotter drunter streuen, weil's sonst zu gemütlich ist; die nur von Plaste und Blech essen können; die sich vom Balkon morgens abseilen, zur Arbeit joggen und dabei imprägnierte Powerriegel essen.

Ein Verkäufer sprach gerade mit einem jungen Mann darüber, welcher Helm zu empfehlen sei. »Das hängt natürlich davon ab«, erklärte der Verkäufer, »wie man vorhat, auf den Kopf zu fallen, aus welcher Höhe und auf welchen Untergrund.« Outdoor hin oder her, das klingt zwar erst mal nach Natur, ist aber in Wahrheit das Suchen von Gefahr und Geldausgeben dafür, dass die Gefahr nicht gefährlich wurde. Inzwischen war eine Frau in den Laden gekommen, die ihr Haar wachsen ließ, wie es gerade Lust hatte, und wer weiß, wie oft ihr der lange Zopf schon das Leben gerettet und wie viele Menschen sie damit schon aus dem Morast gezogen hatte. Sie war von oben bis unten in Flies gekleidet und fragte den Verkäufer etwas über irgendeine Jacke von Fledermaus, die sie auf einer Messe gesehen hatte. Teuer wären die, sagte der Verkäufer. Ja, aber das Material …, sagte die Frau. Sie schwiegen andächtig.

Ich dachte darüber nach, ob eine Outdoor-Messe drinnen oder draußen ist. Einfach auf einem Feld, und wenn's regnet, noch besser, dann können alle was drüberziehen, das sie extra für den Fall dabeihaben. Ein Jammer, wenn es nicht ab und an mal regnen würde.

In diesen Gedanken versunken, war ich am Regal mit den Wanderschuhen angekommen und wusste nicht, was ich an denen jetzt fachmännisch befummeln sollte. Sonst kaufe ich Schuhe, die mir gefallen, aber darum konnte es sich diesmal nicht handeln. Es gab Schuhe, die nicht ganz so klopsig aussahen wie andere, die gefielen mir ein ganz klein wenig besser. Die Preise gefielen mir alle nicht. Ich drückte an der Sohle rum, überlegte draufzuspucken, um zu kucken, ob sie auch wirklich wasserdicht sind, aber wahrscheinlich waren sie noch nicht imprägniert und feuerversiegelt und bakterienabweisend oder strahlensicher oder was weiß ich.

Mich sprach ein Verkäufer an. »Schuhe suche ich«, sagte ich. Ein verdutztes braun gebranntes Gesicht sah mich an. »Wofür?«, fragte er.

»Zum Wandern.«

»Welcher Untergrund?«

»Na, so Brandenburg«, sagte ich.

Jetzt war es raus. Jetzt wusste er also, dass ich nicht weit weg wollte. Ich schämte mich. Brandenburg, also ein Tagesausflug, dachte er bestimmt.

»Na so und Mecklenburg-Vorpommern«, setzte ich einen drauf.

Da war er aber beeindruckt.

Ich probierte ein paar Schuhe an, vom Preis motiviert, vor allem die runtergesetzten. Der Verkäufer ließ mich meinen Fuß auf die Einlegesohle stellen, die er aus dem Schuh genommen hatte. Da würden mir die Zehen blau anlaufen, sagte er. »Einen halben Daumen Luft vorne«, sagte er, das erste Gebot der Outdoor-Menschen. Dann kümmerte er sich um jemanden, der was viel Wichtigeres vorhatte. Er brauchte die Erweiterung des Klappkanistersystems für Rucksackinlays. Aha. Der Verkäufer ließ mich sofort für den Wichtigtuer fallen, weil ich eine Ketzerin war: Kommt, von nüscht 'ne Ahnung, rein und probiert runtergesetzte Schuhe an und hatte noch nie blaue Zehen. Wollte ich auch gar nicht haben. Ich probierte also größere Größen an, nahm die Einlegesohle raus und stellte mich drauf. Ich versuchte herauszufinden, ob da ein halber Daumen Luft für meine Zehen blieb, aber ich war unentschlossen, ob der halbe Daumen längs oder quer bleiben sollte, davon abgesehen, dass ich auch nicht sicher war, wessen Daumen da Luft bleiben sollte. Meiner war immerhin nicht unbedeutend schmaler als der von dem Verkäufer, und den wollt ich nicht rufen, nur damit er seinen dicken Daumen anlegt. Als der Verkäufer kurz an mir vorbeijoggte, fragte ich, ob sich denn die Schuhe nicht noch einlaufen und ich sie deshalb kleiner kaufen soll, da sagte er mit bestimmter Stimme das zweite Gebot der Outdoor-Menschen:»Eine Sohle kann sich nicht dehnen.« Aha. Ich trullerte noch eine Weile im Laden rum, lief mit klumpigen Schuhen über die kleine aufgebaute Teststrecke aus Stock und Stein. Dann verkündete ich auf Nachfrage, dass ich mich in keinem der Schuhe richtig wohlfühlen würde. Das fand ich gut von mir. Das zeigte Anspruch an den Schuh.

Der Verkäufer wollte wissen, ob er sonst noch was für mich tun könnte, und ich fragte nach einem Gegenstand von meiner endlos langen Liste von Dingen, die ich noch besorgen musste, wo beispielsweise auch Kompass draufstand. Das wäre mir zu peinlich gewesen, in diesem Mekka der Draußenleute einen Kompass zu kaufen, weil der Verkäufer dann gewusst hätte, dass ich keine Ahnung habe, wie das Moos an Bäumen wächst. Ich fragte also nach was Komplizierterem. Kühlkissen. Davon hatte ich im Internet gelesen. Ja, so gut war ich vorbereitet, dass ich immerhin auch an Verletzungsgefahr dachte und an Kühlung einer Wunde. Der Verkäufer schaute mich an, als wollte ich Picknicksahnekännchen mit Gänseblümchendekor erwerben. Ich erklärte, dass es doch so Kühlkissen geben müsste, die man wie die Wärmekissen irgendwie knickt, und dann gibt es eine chemische Reaktion. Der Verkäufer sagte mir, da hätte ich eine schöne Erfindung gemacht, jetzt müsste ich nur noch dafür sorgen, dass das chemisch irgendwie zu machen sei.

Als ich den Laden verließ, bildete ich mir ein, dass der Verkäufer dem anderen Verkäufer davon erzählte, der es dann für alle Kunden im Laden noch mal erzählte. Ein großes Gelächter saß mir im Nacken, als ich von dannen trottete, eine lange Liste mit Gegenständen in der Tasche, die ich nicht besorgt hatte. Im Herbst trat ich tatsächlich meine Tour an. Ich war super ausgerüstet. Alles aus dem Internet.

Fenster (Mein Haus wird saniert)

In meinem Haus – es ist nur das Haus, in dem ich wohne, ich besitze es nicht, ich würde es auch nie besitzen wollen, das hässliche Teil – jedenfalls wird in diesem Haus seit Monaten herumgebaut. Erst wurden die Fenster ausgetauscht. Ich bekam die von Frau Munzke und Frau Munzke die von Herrn Werner … Jaja alter Witz, so'n Bart, aber es waren auch alte Fenster, und der Handwerker hatte einen Bart.

Bevor der Handwerker mit dem Bart und der Jungsche aber in meine Wohnung kamen, musste ich erst mal mehrfach mit der Chefin von der Scheißbude telefonieren, um mir einen Termin geben zu lassen. Die olle Schranze wollte mich immer auf einen Freitagstermin festnageln und mich damit übers Ohr ziehen und über den Tisch hauen, denn der Freitag ist in dieser Firma nur ein halber Arbeitstag, und da könnte man nur Küche und Bad schaffen. Ich würde dann am Wochenende im Dreck sitzen, denn Aufräumen lohnt sich ja nicht, bevor auch Stubenfenster und Balkontür ausgewechselt sind. Die Olle sagte am Telefon immer »ich«, wenn sie von ihrer Firma sprach. »Das schaffe ich an einem Freitag nicht!«, sagte sie, und ich dachte, sie könnte ja ein paar ihrer Arbeiter mitbringen, wenn sie es nicht *alleine* schaffe. Dann sagte sie: »Ich bin am Freitag zwar zu dritt, aber trotzdem …« Das ist mehr, als jeder andere ist, egal ob am Freitag oder Mittwoch, fand ich und lehnte den Freitagstermin wieder ab. Dann sagte sie: »Ich bin erst nächste Woche Dienstag wieder im Haus, und da bin ich zu zweit.«

»Fein!«, sagte ich. »Da freu ich mich auf Sie beide.«

Ihre Stimme wackelte nicht, sie musste nicht lachen, keiner von ihr. Sie fand gar nichts dabei, ihre eigenen Angestellten zu sein. Vielleicht war sie auch alle Maschinen im Betrieb und sagte manchmal: »Ich bin kaputt« oder: »Mein Akku ist leer, mir läuft Schmieröl aus. Ich habe Lochfraß.«

Eine Woche bevor meine Fenster gemacht werden sollten, wurde nebenan bei der alten Frau Munzke die Wohnung zerlegt. Zumindest machte sie so einen Eindruck, als sie abends bei mir klingelte. Sie sagte immer wieder: »Ganz feiner Staub. Ganz feiner Staub.« Dann musste ich mit zu ihr in die Wohnung, mir die neuen Fenster ankucken und bestätigen, dass die Balkontür klemmt. Außerdem ist die neue Schwelle höher, und da muss Frau Munzke aufpassen, dass sie nicht drüberfällt, wenn sie rausgeht, weil, vorher war die ja niedriger.

Am nächsten Tag klingelte Frau Munzke bei mir und sagte was von »Ganz feiner Staub, so feiner Staub, das ist ja so feiner Staub«. Sie borgte mir alte rosa Laken, mit denen ich meine Regale zuhängen sollte. Dann zeigte sie mir, dass die Balkontür klemmt und dass die Schwelle höher sei, aber das machte eigentlich nicht so viel, denn sie bekam die Balkontür sowieso nicht auf ohne mich, und ich sagte dann zu ihr: »Vorsicht, die Schwelle ist höher als früher.«

Am nächsten Tag klingelte Frau Munzke.

»Ganz feiner Staub. So ein feiner Staub. Balkontür klemmt. Schwelle höher. Die Schwelle war früher niedriger.«

Meine Hemmschwelle, Frau Munzke zu verarschen, wurde auch niedriger.

Als sie am nächsten Tag klingelte, fragte ich sie gleich, ob die Handwerker eigentlich schlimm Dreck machen.

»Hach, ganz feiner Staub.«

Ob mit den neuen Fenstern alles okay sei.

»Ach, die Balkontür klemmt.«

Und ob die Schwelle höher sei.

»Ja, da muss ich aufpassen, dass ich nicht falle.«

Am nächsten Tag klingelte Frau Munzke nicht bei mir. Sie klopfte. »So was von feinem Staub, in jeder Ritze, die Balkontür klemmt, und die Schwelle – da muss ich aber aufpassen.«

Und täglich grüßt das Murmeltier von nebenan. Na ja. Ich bekam jedes Mal Schokolade, und meine richtige Oma wohnt ja auch so weit weg. Am nächsten Tag klingelte Frau Munzke, weil sie nichts zu tun hatte. Der Staub sei weg, der ganze feine Staub, so feiner Staub, alles weg, die Balkontür war repariert worden, und über die Schwelle sei sie schon drübergefallen. »Wann ist es denn bei Ihnen so weit?«, fragte Frau Munzke, als wäre ich schwanger.

»Morgen!«, sagte ich, und wir waren beide ganz aufgeregt.

Am Dienstagfrüh rief mich die Chefin von der Firma an und sagte, sie würde jetzt kommen. Dann kamen zwei Männer und wollten Kaffee haben.

»Und wo ist Ihre Chefin?«, fragte ich.

»Wie?«, fragte der mit dem Bart. »Ich bin doch hier.« Er war verwirrt.

Ich setzte erst mal Wasser auf und hakte dann noch mal nach. »Ich meine Ihre Chefin, die mit der weiblichen Stimme, mit der ich immer telefoniert habe.«

Der Mann mit dem Bart wusste nicht, wohin mit seinen Pupillen. »Ich bin doch hier.« Er drehte sich immer wieder um, dann ging er zum Spiegel, schaute hinein, kniff sich und sagte abermals: »Ich bin doch hier!«

»Das ist unser Ehemann!«, klärte mich der Jungsche auf.

Okay, alles klar. »Wie wollt ihr denn euern Kaffee?«

»Schwarz!«

»Beide?«

»Wie, beide?«, sagten beide.

Na ja, wie auch immer, ich machte zweimal schwarzen Kaffee. Kann mir ja nur recht sein, wenn sie sich für eine Person halten und darum ein gutes Team bilden. Sie ruppten lautstark meine alten Fenster raus und kloppten lautstark neue rein, zwischendurch war es kalt, und mir war langweilig. Aber sonst war alles okay. Ich war gut vorbereitet. Meine Wohnung war in die rosa Laken von Frau Munzke gehüllt, wie ein ausgewaschener Puff. Ich saß in der Puffküche rum, die als Letztes dran sein sollte, und aß Salat.

Der Jungsche kam zu mir rein und fragte mich: »Wie hätten Sie's denn gern?« Und ich dachte: Wow, das ist ja doch nicht wie im Puff, sondern wie im Porno, und er fragt auch noch, wie ich's gerne hätte. Vielleicht stimmt ja alles, was man in Pornos so sieht. Frauen wollen unbedingt bestraft werden, für was auch immer, einfach nur, weil sie Frauen sind und die Allererste von uns mal ein Kernobst gegessen hat. Männer können immer, spritzen in weiten Triumphbögen in erwartungsvoll aufgerissene, geschminkte Münder. Und Handwerker … Handwerker machen immer Sex mit der Kundin. Ich wollte gerade sagen: »Von hinten, weil, ich finde sie nicht so hübsch!«, da fragte der Jungsche: »Soll ich das alte Fensterbrett im Bad drinnen lassen, oder soll ein neues rein, dann gehen aber die Fliesen kaputt.«

Mann, Mann, was hatte der denn Wildes mit mir vor, dass dabei das Fensterbrett kaputtgehen könnte und die Fliesen auch gleich, dass er sich da mal nicht überschätzte, und warum denn unbedingt im Bad? Ich kuckte wohl etwas doof, und er sagte deshalb: »Kommen Sie mal mit!« Also ging ich mit. Läufig halt. Ich machte die Badtür erst mal hinter uns zu, und er erklärte mir noch mal genau, wie das mit dem Fensterbrett gemeint war.

»Drinlassen!«, sagte ich und hätte es doch lieber in einer anderen Situation gesagt. Na ja, so hübsch war er wirklich nicht. Dann riss der Alte mit dem Bart die Badtür auf und fragte: »Und wie machen wir's?« Na, was denn nu? Jetzt doch? Oder was? Mit dem Alten wollte ich aber wirklich nicht, außerdem war er ja verheiratet mit der komischen Chefin, also mit der Firma, mit sich selber und mit dem Jungschen. Das war mir zu viel Ehebruch auf einmal. Einer reicht ja schon, um im Himmelsflensburg Punkte zu kassieren, aber bei viermaligem Ehebruch kann es gut sein, dass man in die Hölle muss und dann jeden Tag Milchnudeln essen muss. Das ist zumindest meine Vorstellung von Hölle. Oder es gibt abwechselnd Milchnudeln und Milchreis. Bäh! Oder ich bekomme den ganzen Tag meine Fingernägel nach hinten umgebogen an einer Schultafel, und dann gibt es dieses fiese Geräusch und gar nichts zu essen.

Mit derlei Gedanken vertrieb ich mir die Zeit, während die Handwerker auch Küche und Bad fertig machten.

Dann klingelte das Telefon, und die olle Chefin war dran, sie fragte: »Bin ich schon fertig?«

Meine Fresse. »Ob Sie schon fertig sind?«, wiederholte ich und sagte dann: »Ich gehe Sie mal fragen, ja?«

Die Handwerker hängten gerade das Fenster in der Küche ein, im Bad war auch schon eins, sah aus, als wären sie fertig. Ich sagte der Chefin, dass sie fertig sei.

»Und, sind Sie zufrieden mit mir?«

Boah Mann, ob ich zufrieden mit ihr bin, klar, sie war ganz toll, sie kann total gut telefonieren und ihre Angestellten verwirren, große Klasse.

»Ja!«, sagte ich. Was sollte ich mich aufregen? Vielleicht war die Hölle ja auch, jeden Tag mit ihr zu telefonieren. Nachdem die persönlichkeitsverwirrten Handwerker weg waren, klingelte ich bei Frau Munzke und sagte ihr, meine Wohnung wäre voller Staub, so ganz feiner Staub. Frau Munzke machte bei mir sauber, und ich gab ihr dafür die ganze alte Schokolade zurück, die sie mir geschenkt hatte. Sie freute sich sehr.

Am nächsten Tag klingelte ich bei Frau Munzke und sagte ihr, die Handwerker hätten meine Küche verwüstet und ins Katzenklo gekackt. Frau Munzke wusch ab und machte das Katzenklo sauber. »So viel Kacke!«, sagte sie. »So viel Kacke!«

Das war jedenfalls nicht die Hölle, und wenn ich denn in die Hölle muss, möchte ich gerne Frau Munzke mitnehmen. Da sie sicherlich vor mir stirbt, kann sie ja auf mich warten und dann den ganzen Tag sagen: »Das ist aber heiß hier. Mein Gott, ist das heiß hier.« Und weil sie das böse Wort gesagt hat mit G am Anfang und ott am Ende, wird sie bestraft, indem sie zukucken muss, wie jemand anderes ganz feinen Staub wegwischen darf. Dann wird Frau Munzke über eine hohe Schwelle geschubst, während ich Milchnudeln esse. Jedenfalls habe ich jetzt neue Fenster, zum Rauskucken.

Wie wir mal eine gespaltene Persönlichkeit waren

Der Herbst plärrte jede Hausfassade mit Licht voll und pappte mit einem Rosshaarpinsel lustige Farbtupfer überallhin, so ganz lyrisch, sehr, sehr romantisch, alles voller vergammelndem Laub, ein Keimherd, viele Keimherde. Sehr hübsch, und deshalb musste ich spazieren gehen. Sagte mir mein innerer Rentner. Mein inneres Kind wollte lieber Trickfilme kucken ..., aber bei dem Wetter, so eine Sonne, mitten am Tag, so eine Sonne, mitten am Himmel – da muss man doch mal um den Block schlurfen. Ich machte also die Flimmerkiste aus und verwandelte mich in eine Zwiebel, so von wegen: Ich habe sieben Häute und hasse alle Leute. Schlüpfer, Schurwollpulli, Scheans, Schijacke, Schlappen, Schal, Schapka, sieben Häute mit Sch wie scheißkalt. Von drinnen, ja von drinnen, so von drinnen raus sah das ja ganz fein aus, das Herumgeherbste, goldenes Licht, aufgeregte Blaumeisen, die mit Vogelbeeren warfen, haste nich gesehen, und knallgelbe Bäume, drei Sekunden bevor sie alle Blätter fallen ließen. Eins, zwei, drei ... raschel, raschel, raschel, Kleinkind weg!

Aber von draußen sah drinnen auf einmal auch nicht so schlecht aus: geschlossener Raum mit Fernwärme, Kiste mit Fernsehen ... Na ja, nu war's zu spät, angepellt und wild entschlossen, den Tag zu nutzen, trabte ich los in Richtung Friedhof. Ich tat das alles nur, falls mein Vater anrufen sollte, der scheinbar nur anrief, um dann verblüfft zu sein, dass ich zu Hause bin. Ich sage brav: »Ja, hier bei Fuchs«, also etwas komprimierter, ich sage: »Jawoll«, und Papa sagt: »Was machst du denn zu Hause? Bei dem Wetter!«

Mein Vater ist ein Wetterterrorist. Es ist auch egal, was für Wetter ist, Wetter ist ja immer, alle Nase lang, und wenn es Unwetter ist. Wenn die Sonne scheint, sagt er: »Warum fährst du denn nicht Fahrrad?«, und wenn es richtig warm ist, soll ich baden gehen, und wenn es regnet, soll ich gefälligst nass werden, und wenn es stürmt, fragt er: »Warum lässt du nicht Drachen steigen?« Immer soll ich was draußen machen. Als Kind durfte ich auch nie vor Mitternacht nach oben kommen. Es hieß immer: »Los, mach einen Lampionumzug. Wie, deine Freunde schlafen schon? Dann such dir am Bahnhof neue Freunde.«

Wenn mein Vater anruft, versucht er mir also immer weiszumachen, obdachlos sein wäre toll. Dann fragt er, was es Neues gäbe. Es gibt ja selten was Neues. Ich bin selten schwanger oder habe eine neue Arbeitsstelle oder eine Tätowierung oder so was. Na ja, mal eine neue Hose. Wenn ich dann aus erzieherischer Rache heraus ihn frage, was es bei ihm Neues gäbe, gibt er mit den feinsten Outdooraktivitäten an, Demonstrationsradschlagen für den Frieden, Tandemwindsurfing, Fernsehturmbungee, Unterwasserfederball … Na ja, in dem Alter, wo einem der Tod so nah vor der Brille auf und ab scharwenzelt, kein Wunder, dass man so aufdreht. Ich habe meinen Vater mal gebeten, mich zu fragen, was ich Schönes erlebt habe, dann muss es wenigstens nichts Neues sein. Daran hält er sich jetzt.

Er ruft also an. Ich: »Jawoll.« Er: »Warum bist du denn zu Hause? Es hagelt doch. Warum machst du kein Picknick?« Ich: »Ach, wenn ich erst so alt bin wie du …« Er: »Und was hast du Schönes erlebt?« Ich: »Tanzen, saufen, Sex haben.« Er: »Das ist ja nichts Neues.« Ich: »Nee, aber was Schönes.«

Und darum ging ich also spazieren. Na warte, Väterchen, dir werd ich was erzählen, wenn du anrufst, extrem outdoor herbstspaziering. Around the graves with wild cats. Ich fütterte die Friedhofskatzen mit Leberwurstbroten. Das fand sowohl mein innerer Rentner gut als auch mein inneres Kind. Beide grinsten grenzdebil, diese Altersrandgruppen. Kaum waren meine Leberwurstbrötchen alle, rannten die struppigen Katzen weg und durch eine stachlige Hecke. Der Filz der Tiere, der über die Hälfte ihrer Erscheinung ausmachte, blieb an den Dornen hängen, und ich sah, dass es gar keine Katzen waren, sondern Ratten. Die Schweine!

Dann schlenderte ich zum Grab von Adolf Menzel. War noch da! Fein! Und dann warf ich so im Vorübergehen einen Blick in einen der kleinen Container, in den abgeblühte Trauerkränze entsorgt werden. Da lag ein riesiges Gesteck aus roten Rosen, und die waren noch gut, drei Tage vom Abgeblühtsein entfernt. Ich blieb stehen und schaute andächtig, trauernd, mich besinnend und dann entschlossen, meinem inneren Hippie zu folgen, der die Blumen unbedingt zu Hause in der Wohnung verdekorieren wollte, und mein innerer Punker fand es okay, einem Toten die Blumen zu klauen. Ich schaute mich um. Auf dem Weg links von mir schritt ein Witwer mit grüner Gießkanne, und rechts von mir harkte eine Witwe ein Grab. Ich rief: »Kuckt mal da! Ein toter Grabstein!«, und beide kuckten in die von mir gewiesene Richtung. Der Plan hätte auch schiefgehen können, wenn eine der beiden Altlasten ihr Hörgerät nicht eingeschaltet hätte. Aber es ging alles James-Bond-mäßig glatt wie Schlittschuh. Die Witwe und der Witwer schauten hin und nicht her, nämlich zu mir. In dem Moment stopfte ich das Rosengesteck unter meinen Pulli und setzte fix ein unschuldiges Gesicht auf, auf mein schuldiges Gesicht. Die beiden Alten hatten sich inzwischen wieder zu mir gewandt und sagten ganz langsam und wie aus einem Munde: »Wo ist ein toter Grabstein?«

»Na, da!«, sagte ich und zeigte auf sie selbst. Sie schauten einander an. In dem Moment ging ein Wind durch ihre Falten, die raschelnd in dem Lüftchen flatterten, und ihre Gesichter sahen aus wie die Gesichter junger, frisch verliebter Verbrennungsopfer, die ihre Narben im Eiscafé kühlen. Der Witwer ließ die Gießkanne fallen und die Witwe ihren Laubrechen. »Du bist ja gar nicht tot!«, riefen beide und fielen sich in die Arme. Anstatt gerührt zu sein, dachte ich nur an meinen Vater und daran, dass ich ihm was richtig Schönes *und* was Neues erzählen könnte. Dann dachte ich an das Rosengesteck unter meinem Pulli, weil es piekte wie Igelscheiße. Da mich auch etwas fröstelte, beschloss ich, den Heimweg anzutreten.

Zu Hause hatte ich einen Spruch von meinem Papa auf meinem Anrufbeantworter. Er fragte mich, wo ich mich denn herumtreibe, bei dem Wetter. Ich sei doch sonst immer zu Hause. Na toll, da hätte ich mir den Spaziergang auch sparen können, ihn aufs Konto packen und Zinsen dafür kriegen.

Ich stellte die Rosen in Vasen aus Glas. Sie stanken nach Leichnam. Draußen tat der Herbst immer noch so, als wäre das alles ein Fest der Sinne, und überzog das Nachbarhaus mit billigen Achtziger-Jahre-Glitzersteinen. Aber nicht mit mir, das ist doch Vorgaukeln falscher Wahrheiten … Ich warf das Rosengesteck meiner alten Nachbarin vor die Tür, mit einem Zettel dran, auf dem stand: »Es tut mir leid, dass sie bald sterben.«

Dann rief ich meinen Vater an und erzählte ihm, dass meine Nachbarin gestorben sei und ich deshalb auf dem Friedhof war, wo während der Beerdigung der Trauerkranz gestohlen wurde. Mein Vater sagte: »Das ist aber nicht schön!«

»Nee, aber neu!«, triumphierte ich. Mein inneres Kind verschluckte sich vor Schadenfreude fast an den Milchzähnen. Mein innerer Rentner klopfte dem Kind auf den Rücken, der innere Punker lachte darüber, und das fand mein innerer Hippie nicht nett. Mann, war'n wir gespalten heute.

Techtel

Ein paar Tage, nachdem ich mit einem jungen Herren getechtelt hatte, meldete er sich per Mail bei mir. Damit rechnet man
ja nicht, wenn man getechtelt hat. Ein paar Küsse vorher, damit
man sich besser dabei ausziehen kann; ein paar Küsse nachher,
damit's nicht lieblos ist. Und dann ist doch manchmal auch
alles gut so. Nicht, dass ich das schon mal vorher so gemacht
habe, aber ich hab gehört, dass es das gibt. Noch dazu ist der
junge Mann Italiener. Da rechnet man doch erst recht nicht
damit, dass sich so einer meldet, wenn man getechtelt hat.
Ich dachte, er kehrt zurück in sein Bergdorf, von dem er so
geschwärmt hat, und macht 'ne Kerbe in den Bettrahmen bei
»German Girls«, und dann freuen wir uns beide: er da, ich hier,
dass uns jemand anziehend fand, der weit weg wohnt – da
gibt's keinen Heckmeck.

Ich habe mich gefreut und geärgert über die Mail. Es war vorher angenehm für mich, dass mein Herz mal nicht zu viel aus so
wenig machen konnte. Als er sich meldete, sprang bei mir der
übliche Blödsinn an: Er hat sich verliebt. Er ist ganz verrückt nach
mir. Und egal, wie sehr er sein Bergdorf liebt, er kommt trotzdem
her, und wir sehen mal. Und das wird ganz romantisch und toll.
Und es könnte ja doch passen.

Blablabla, rumpelte mir der ganze Mädchenblödsinn ins Herz.
Es macht's nicht besser, wenn man das immerhin durchschaut,
was da vor sich geht – passieren tut es trotzdem.

Die Mailadresse war sein Name, und der Betreff war noch
mal sein Name. Also, um mich schien es nicht zu gehen. Genau
so hatte ich ihn in Erinnerung.

Ich war froh gewesen, dass ich nicht immer alles verstanden
hatte von dem, was er sagte. Unser Englisch war gleich schlecht.
Der Sex erfreulich. Und das reichte ja auch. Wenn wir derselben Sprache mächtig wären, hätten wir zanken können und
uns übereinander ärgern. Dann hätten wir vielleicht gar nicht
techteln können. Aber das war alles mit Eintreffen der Mail aus

meinem Kopf verschwunden. Ui, er hat mir gemailt. Ich war ganz hin und weg.

Die Mail war auf Italienisch, bis auf einen englischen Satz. Ich ließ die paar Zeilen von einer Übersetzungsmaschine im Internet übersetzen. Den direkten Weg von Italienisch zu Deutsch gab es nicht, also nahm ich als Erstes den Umweg über Italienisch-Englisch und dann Englisch-Deutsch. Weil dabei ganz schönes Kuddelmuddel rauskam, versuchte ich es noch mal über Französisch und Russisch. Der erste Satz hieß wahlweise: »Sie haben, diesen Buchstaben zu übersetzen.« Oder: »Sie werden haben übersetzen diesen Brief.« Oder fast militärisch, dafür aber geduzt: »Du musst diesen Brief übersetzen.« Aha, das war mir schon aufgefallen, und genau das tat ich ja gerade. Der nächste Satz war: »Warum auf Englisch schriftlich sie sind schlechter als in dieser ein gesprochen« beziehungsweise: »Weil im geschriebenen Engländer sie schlechter, als in Umgangsband den Umgangsband sind.« Umgangsband. Aha. Also entweder war er schlechter darin, englisch zu schreiben als zu sprechen, oder er glaubte, ich wäre es, wie auch immer.

Weiterhin hoffte er, dass »Sie haben einen Freund wer spricht italienischer …« Italienischer als wer?, fragte ich mich. Italienischer als ich? »Ich hoffe mich bei dir es waren etwas Freunde, die den Italiener sagen …« Insgesamt klar. Nächster Satz: »Ich hoffe, wollte um Ihre Adresse zu Ihnen nur bitten« beziehungsweise: »Ich wollte bei dir nur deine Adresse bitten«, beziehungsweise: »Nur Ihre Adresse zu Ihnen, dass ein zu fragen.« Versteh ich. In Klammern stand in Englisch, dass ich keine Angst haben solle, dass er mich disturben würde in Berlin.

Den vorletzten Satz der Mail verstand ich nur, weil ich ja dabei gewesen war, als wir »wo Kleider, sie sind viel glückliche unseres Abends gewesen«. Genauso war's. Ich hatte drei Fassungen von dem Satz, und in einem stand, dass er glücklich war, im anderen, dass ich glücklich war, und im dritten, dass wir glücklich waren. Vielleicht war es ja egal, wer nun genau glücklich war, irgendwer war glücklich. Als Verabschiedung hatte ich zur Auswahl »Zu den Küssen aus Italien«, »Küsse Italiens« oder »Er hat Italiens geküsst«.

Ich hatte gute Laune. Irgendwer war glücklich gewesen ohne Kleider, und irgendwer küsste irgendwen. Ich antwortete auf Englisch, um ihm die Ungereimtheiten zu ersparen, die eine Übersetzungsmaschine anrichten konnte, und sicherlich hatte er auch keinen Freund, wo sprach deutscher.

Am nächsten Tag schaute ich alle paar Stunden, ob eine Mail gekommen war, und weil keine kam, hatte ich keine gute Laune mehr. Irgendwie war es schöner, etwas zu bekommen, anstatt was darauf zu erwidern und dann zu warten, dass man wieder etwas bekam. Da schickte man was in die Gegend und wusste nicht, was der andere damit tat in sich drin. War meine Mail zu nett gewesen? Hatte sie das männliche Hilfehilfe-Ohgottohgott bei ihm ausgelöst? – Oh Gott, die hat sich so gefreut, oh Gott, die soll mich ja nicht wichtig finden. Hilfe, die soll nicht denken, da wäre was. Oder war ich zu kühl gewesen, und er hatte keine Lust, mir noch mal Küsse Italiens zu schicken?

Dieses Gefühlsgedankengemisch verzog sich nach ein paar Tagen. Ich dachte auch nicht daran, daran zu denken, dass er mich ja doch disturben könnte in Berlin. Einfach vor der Tür stehen. Ach, diese Südländer. Sicherlich wollte er aber meine Adresse haben, um mir etwas zu schicken. Und darum mailte er auch nicht, weil er was losgeschickt hatte. Ich sagte streng zu mir: Erwarte nichts sonderlich Tolles. Das is'n Kerl. Die können das nicht so gut. Die schicken einfach irgendwas. Die meinen das lieb, und als Frau ist man da oft ungerecht enttäuscht, weil es eben so ein kleines …

Ich bekam einen ganz dünnen Brief, hatte ich es doch gewusst. Ich wollte gar nicht wissen, was drin war, und hatte den Umschlag schon aufgerissen. Es war eine Kopie von einem Foto von seinem Dorf im Tal. Eine Draufsicht. Ein Haus war ausgemalt, sicher das, in dem sein Bett steht, wo er die Kerben reinmacht. Oben in der Ecke von dem Bild stand in Schönschrift, dass das seine Hometown wäre, Population 2858. Unten in der Ecke war ein fettes rotes Herz mit Wachsmalstift gemalt. Uiuiui, das war genau, wie ich es erwartet hatte. Und da ich nicht zu viel erwartet hatte, war ich entzückt. Ein rotes Wachsmalstiftherz und noch dazu so ein ungelenkes ehrliches Herz. Zu Schulzeiten waren die Mädchen sich ja einig, wie ein Herz auszusehen hatte: dickbackig, rund, mit der richtigen Wölbungslinie nach innen, bevor unten ein ganz kleiner Zipfel kam. So hatte ein Herz auszusehen, keine Diskussion. Das hatten wir stundenlang geübt. Dann gab's irgendwann die ersten Liebesbriefe, und die Herzen der Jungs sahen … anders aus, kann man bei aller Liebe nur sagen, anders. Die Jungs schienen das nicht zu üben. Mein italienisches Herz war überaus reizend, herrlich geradezu. Es war ja nicht selbstredend, dass sich ein erwachsener Mann überhaupt dazu bewegen ließ, ein rotes Herz zu malen. Das war doch ganz phänomenal.

Nachdem ich eine Weile erfreut war und nachglühte, bekam ich einen Gackeranfall, als mir bewusst wurde, wie höhlenmenschhaft dieser Brief war: »Du Frau, ich Mann, da Dorf, da Haus, ich hier. Hallo, Herz.« So in der Art. Glücklich war ich trotzdem. Ich sollte wohl irgendwie wissen, wo er war. Ich konnte ihm allerdings unmöglich etwas Ähnliches zurückschicken. Berlin war zu groß dafür.

Am selben Morgen machte ich zufällig eine Wurst ins Klo, die fast die Herzform hatte, die wir in der Schule immer geübt hatten. Es wäre trotzdem keine gute Idee gewesen, es zu knipsen, um es nach Italien zu schicken, aber es war ungelogen ein ganz famoses Herz. Ein bisschen verknallt war ich wohl doch.

Butzeltag

Ich wache auf und bin immer noch nicht wach. Mein Radiowecker ist an. Ach ja, ich wollte heute früh aufstehen, einfach so, um zu kucken, ob ich das noch kann. Außerdem bin ich auch nicht spät schlafen gegangen. Acht Stunden Schlaf sollen ja dicke reichen. Für Dünne scheint das aber nicht zu stimmen. Ich schlafe wieder ein. Als ich aufwache, bin ich immer noch nicht richtig wach. Der Radiowecker ist aus. Das heißt, es ist zwei Stunden später. Bevor ich mich darüber ärgern kann, bin ich schon wieder weggenickt.

Der nächste Anlauf, den Tag zu beginnen, startet um zwölf. Da kann man auch gleich liegen bleiben. Meine beste Phase des Tages ist von neun bis zwölf, ist allerdings lange her, dass ich die genutzt habe. Der restliche Tag ist für'n Arsch, den kann ich nur mit Essen und Sozialkontakt herumbekommen. An was Sinnvolles ist nicht zu denken. Ich glaube, ich bleib den ganzen Tag im Bett. »Butzeltag«, hat meine Oma dazu früher gesagt, butzeln ist verschlafen, herumsühlen, sich noch mal umdrehen, pupsen, was im Bett essen, sich herumdrehen und wieder einschlafen. Meine Oma hat mir so einen Tag immer mal geschenkt, z.B. wenn es geregnet hat. Dann wurde ich von ihr bedient.

»Oma!«, ruf ich, weil ich einen Kaffee haben will, aber Oma ist nicht da. Ich ruf bei Oma an, aber Oma sagt, sie hat keine Lust, heute von Dresden nach Berlin zu fahren, nur weil ich butzeln will. Na gut, alte Frau, dann hab ich vielleicht auch keine Lust, von Berlin nach Dresden zu fahren, nur weil du achtzig wirst … das sag ich natürlich nicht, das denk ich nicht mal.

Ich hab gar keinen Bock mehr zu butzeln. Meine Nachbarn auf der rechten Seite knallen ihre Tür zu. Das machen sie dreihundert Mal am Tag. Der Grund dafür ist, dass sie Rentner sind und ihre Taktik, einen Tag zu besiegen, beinhaltet, dass sie jedes Ei fürs Abendbrotomelett einzeln kaufen gehen. Sie gehen immer zu zweit einkaufen und schließen beim Losgehen alle vier Schlösser zu und beim Wiederkommen alle vier Schlösser auf.

Manchmal, gar nicht so selten, bin ich richtig scheiße darauf zu sprechen. Ich mach mir Kaffee und gute Vitamine zum bösen Spiel. Ich esse zwei Orangen. Das war das letzte Essbare, das ich im Haus hatte. Ich muss wohl, wohl oder übel, vors Haus gehen. Ich würde lieber vor die Hunde gehen, aber vor dem Haus sind ja Hunde, vielleicht kann ich da ein bisschen vor den Hunden gehen. Solange es hell ist, könnt ich ja ein wenig herumspazieren und anderen Menschen dabei zusehen, wie sie auch mitten am Tag herumspazieren, und mich fragen, was das für asoziales Pack ist.

Ich zieh mich unmodisch und geschlechtsunspezifisch an und gehe zum Landwehrkanal. Ich treffe Männer mit Hunden, Frauen mit Kindern und heimkehrende Schulklassen. Außer mir ist kein asoziales Pack unterwegs. Es fängt an zu regnen und ich beschließe, doch einen Butzeltag zu machen. Dazu kaufe ich mir drei Eclairs und eine Berliner Zeitung, weil da das Fernsehprogramm drin ist. Ich lege mich wieder ins Bett und studiere alle Sendungen und Sender. Da ich keine Fernbedienung habe, muss ich meine Programmwahl gut durchdenken. Beim Denken fühle ich mich gestört durch meine unruhevollen Nachbarn, die mal wieder drei Gramm Butter vergessen haben und darum noch mal zum Supermarkt losschnaufen. Genau vor meiner Wohnungstür treffen sie auf die Alte von oben, und alles Wichtige wird durchgesprochen.

Programmpunkt eins: Jemand hat in den Hausflur gespuckt.

Programmpunkt zwei: Jemand hat eine alte Matratze neben die Müllcontainer gelegt.

Programmpunkt drei: Jemand hüpft nachts in seiner Wohnung herum.

Dann sind sie fertig damit, über mich zu reden, und gehen seufzend auseinander. Jeder Seufzer beinhaltet den Satz: »Wer macht denn so was?«

Tja ich, aber ich hab nicht gewusst, dass man es hört, wenn ich nachts in meiner Wohnung herumhüpfe, aber wann denn sonst, wenn nicht nachts? Tagsüber bin ich doch nie betrunken genug für so was.

»Wer macht denn so was?«, seufzt die Alte von oben noch mal und schließt ihre Tür auf. Ich finde, so schlecht ist die Welt gar nicht, wie die Alten immer tun. Immerhin wird niemand auf dieser Welt gezwungen, Kuchen zu essen.

Ich habe mich inzwischen für ein Fernsehprogramm entschieden, welches ich ein paar Stunden regungslos verfolgen möchte. Die Wahl fällt auf RTL 2. Der richtige Sender für diesen Tag. Ich stelle das Telefon neben das Bett, rühre mir einen Liter Teekrümelgesöff an und lege die drei Eclairs auf einen Teller. Wenn man eine Katze hat, hat das einige Vorteile. Einer davon ist, dass man so ulkige Sätze sagen kann wie »Nimm deinen Schwanz von meinem Eclair!«. Eine andere schöne Situation, wenn man eine Katze hat, ist, wenn man nachts nach Hause zurückkehrt, am besten in männlicher Begleitung, laut in den Flur zu rufen: »Wo ist denn meine Muschi?« Wenn er das nicht versteht, war er es sowieso nicht wert.

Nach dem zweiten Eclair ist mir schlecht.

»Oma!«, ruf ich. »Kannst du mir eine Schüssel bringen?« Aber Oma ist nicht da. Ich rufe Oma an und frage sie, was ich machen soll, wenn mir schlecht ist. Sie sagt, ich solle etwas schlafen. Das ist doch mal eine richtig gute Idee. Ich schlafe ein bisschen. Als ich wieder aufwache, ist es dunkel. Das deprimiert mich. Ich denke über meine Zukunft nach. Ich beschließe, ab morgen U-Bahn-Scheiben zu zerkratzen und mich selber anzuzeigen. Das gibt 600 Euro Belohnung. Wenn die Strafe niedriger ist als die Belohnung, kann ich davon leben. Außerdem wäre ich selbstständig und könnte mir meine Arbeitszeit einteilen, wie ich will.

Auf RTL 2 läuft inzwischen irgendeine Gerichtsshow. Meine Nachbarn kehren zurück nach Hause und machen laut Volksmusik an. Da hab ich nicht wenig Lust, rüberzugehen und erst mal Bässe reinzudrehen. Wenn schon Ruhestörung, dann richtig. Aber wenigstens scheinen sie alles erledigt zu haben, was sie sich für diesen Tag vorgenommen haben. Ich hab auch alles erreicht, was ich mir für diesen Tag vorgenommen habe. Mal wieder gar nichts machen.

»Oma!«, ruf ich. »Schalt doch mal einen anderen Sender ein!« Aber Oma ist nicht da. Ich würde gerne Musikvideos kucken, aber da muss man so viel hin und her schalten, immer auf der Flucht vor DJ Bobo. Ich ruf Oma an und sage ihr, sie soll MTV anmachen und den Ton schön laut. Da kommt gerade »Firestarter« von The Prodigy.

Oma beschreibt mir, was sie sieht. »Ein gestörter junger Mann rennt in einer Kanalisation rum und steckt die Zunge raus.« Danach kommt DJ Bobo. Oma schaltet auf Viva um und sagt mir, was sie sieht. »Eine dünne junge Frau sielt sich in einer Boxerarena im Schlamm. Sie kuckt, als hätte sie dieses Mittel bekommen, was man Zuchtbullen spritzt, damit sie scharf werden.«

»Das ist Christina Aguilera, mach weg, Oma!« Auf Viva Plus läuft Eminem. »Ja, mach lauter und sag mir, was du siehst!«

Oma sagt: »Das geht alles so schnell. Der Mann winkt die ganze Zeit mit beiden Händen. In einem Auto. Mit Kapuze. Mit Mütze. Wirklich, Kirsten, das geht zu schnell. Der Mann sieht irgendwie nicht gesund aus.« Danach kommt Ozzy Osborne, und Oma sagt, der würde aussehen wie Opa, und den würde sie nicht von der Bettkante schubsen. Sie fragt mich: »Warum heißt der denn Ossi? Ist der aus dem Osten?« Ich fühle mich prächtig unterhalten, danke meiner Oma für dieses Telefonat und verspreche, sie heute nicht noch mal anzurufen.

Ich esse das dritte Eclair, und dann klopft jemand an die Heizung. Das machen ja Nachbarn immer mal so, um sich zu verständigen. Allerdings nur, wenn vorher laute Geräusche im Haus zu hören waren. Bei mir im Haus ist das anders. Da wohnt eine alte Frau, die hat Tinitus, aber das hat ihr noch keiner gesagt. Die denkt dann immer, dass irgendwer im Haus ganz laut fiept, und klopft deshalb an die Heizung. Das kann sie die ganze Nacht machen. Manchmal klopfen dann noch andere mit, damit das Heizungsklopfen mal aufhört. Ich wohn richtig gerne hier in diesem Haus.

Ich drehe mich im Bett um und blätter ein bisschen in der Zeitung. Ich lese die Veranstaltungstipps, um zu kucken, was ich alles heute nicht mache. Mann, bin ich faul. Ich hätte gerne drei

Cheerleader, die den ganzen Tag um mich rumhüpfen, um mich zu motivieren. »Go Kirsten! Go Kirsten!« Sie machen eine kleine Pyramide und rufen: »Und abwaschen. Die Teller! Die Teller! Und schneller! Die Teller!« Kann schon sein, dass das etwas nervt, aber helfen würde es mir schon.

»Gib uns ein A!« A, sage ich träge.

»Gib uns ein U!« U, gähne ich.

»Gib uns ein F!« F, brummel ich in mein Kopfkissen.

»Gib uns ein S!« S, sage ich.

Sie wedeln mit den glitzernden Pompons vor meiner Nase herum. »Gib uns ein T!« T, sage ich, und wenn das Wort noch lang ist, nervt das ein bisschen, findet ihr nicht?

»Gib uns ein E!« Ja, ich geb euch ein E.

»Gib uns ein H!« AUFSTEH… Aufstehen. Ich hab das Wort schon. Ihr könnt aufhören.

»Gib uns ein E!«

»Mann, ich hab's doch schon, geht weg, ich will schlafen.«

»Gib uns ein N!«

»Passt mal auf, Janine, Cordula und Susanne, hier habt ihr fünf Euro, geht euch mal was Vernünftiges zum Anziehen kaufen.«

»Was ist das zusammen?«, schreien sie und machen Handstand. »Aufstehen, aufstehen. Go Kirsten!«

»Oma!«, ruf ich. »Mach, dass die Mädchen verschwinden!« Aber Oma ist nicht da. Ich rufe Oma an und erzähle ihr davon. Oma sagt, ich solle nicht so viel trinken. Da hat sie recht. Es ist eigentlich nur die Frage jeden Tag, wann ich mit Trinken anfange, ob schon nachmittags oder erst abends, aber heute habe ich noch gar nichts getrunken.

»Na, dann trink was!«, sagt Oma. Da hat sie auch wieder recht. Die Cheerleader radschlagen hinter mir her in die Küche. »Besauf dich! Besauf dich! Kikakirsten. Besauf dich! Besauf dich! Uuuuuuuuuund Go!«

Nach einem Glas Martini d'Oro sind sie verschwunden.

»Danke, Oma«, sag ich.

Oma sagt: »Weißt du was, ich pack jetzt meine Tasche und fahre heute Abend los, dann bin ich mit viermal umsteigen

morgen Mittag bei dir, und du machst mal richtig einen schönen Butzeltag, ja?«

Meine liebe Miezekatze!

Es gibt so viele Dinge, die du nicht weißt. Das liegt daran, dass du mir nie zuhörst. Darum schreibe ich jetzt diesen Text, den ich dir jetzt jeden Tag vorlesen werde, bis du es endlich verstanden hast.

Erstens möchte ich dir sagen, dass man mit Miauen keine Probleme lösen kann. Du scheinst den Eindruck zu haben, dass von Miauen die Balkontür aufgeht, sich das Futternäpfchen nachfüllt, ich schneller nach Hause komme, dein Katzenklo wieder sauber wird, die Bettdecke angehoben wird, damit du drunterkrabbeln kannst, dass du gestreichelt wirst und dass irgendwer mit dir spielt. Nur weil ich das alles mache, wenn du so elendig rummiaust, heißt das nicht, dass du mich im Griff hast, verstanden? Du kommst dir wohl sehr mächtig vor, weil du nur zu miauen brauchst, und es geschieht alles, was du willst. Ich sag dir mal eins: Du bist ein ganz gewöhnlicher Terrorist.

Zweitens: Das Futter wächst nicht einfach in deinem Napf. Das kaufe ich bei Rossmann, meine liebe Katze. Das kostet Geld, und darum möchte ich, dass du das stinkende Zeug gefälligst auffrisst, bevor es noch mehr stinkt, weshalb du es dann nicht mehr fressen willst. Aber wer hat denn so lange rumgetrödelt, bis die Fliegen Eier reinlegen, hm?

Drittens: Man kann vor einem schmutzigen Poloch nicht weglaufen. Das Poloch ist an dir dran, und wenn du rennst, dann kommt es mit. Du musst das einfach putzen, du Einstein. Auch vor juckenden Ohren kann man nicht weglaufen. Die Ohren sind auch an dir dran, und wenn du noch so schnell durch die Stube rennst, die Ohren fallen nicht ab. Die musst du auch putzen, du Zweistein. Des Weiteren kann man die Kotze, die du mir in die Wohnung tust, nicht mit Luft zubuddeln. Du brauchst gar nicht diese lächerlichen hilflosen Bewegungen mit deinen Pfötchen zu machen. Mein Teppich besteht nicht aus Sand. Das muss ICH putzen, du Dreistein. Und du brauchst auch gar nicht so angeekelt zu kucken, wenn da Kotze von dir im Flur liegt, und dann noch so angewidert mit dem Schwanz zu zucken, das kannst du dir echt sparen.

Viertens könntest du dir mal merken, dass es keineswegs ein Weltuntergang ist, wenn du zweimal hintereinander dieselbe Sorte Futter bekommst. Wenn dir das Zeug morgens geschmeckt hat, kann es dir ruhig auch abends noch mal schmecken. Du brauchst gar nicht so zu mauzen. Niemand quält dich. Alle sind gut zu dir und versuchen, dir jeden Wunsch von deinen gelben Kulleraugen abzulesen. Da musst du gar nicht wegen jeder Kleinigkeit so vernachlässigt herumschreien, nur weil mal irgendwo in der Wohnung eine Tür zu ist. Du übertreibst total. Ich werd dir mal was sagen, Katze: Die Welt ist viel komplizierter, als du denkst. Hinter der Wohnungstür kommt der Hausflur. Dann kommt die Haustür. Dahinter ist Berlin. Das ist der Regierungssitz von Deutschland. Auf Berlin schaut ganz Deutschland. Da kann man sich nicht benehmen wie ein Baby. Dann gibt es noch Amerika, hör mir auf, wenn du das doch nur alles verstehen würdest. Kein Mensch auf der Welt hat Mitleid mit dir, nur weil ich manchmal in die Küche gehe und dich nicht fütter, denn manchmal habe ich selber Hunger und füttere mich. Merk dir eins, es geht dir gut, und behaupte nicht immerzu das Gegenteil. Mein Gott, in Afrika verhungern die schwarzen Katzen.

Du hast mich mit deinem mitleiderregenden Gequietsche so weit gebracht, dass ich sofort ein schlechtes Gewissen habe, wenn irgendwo eine Tür quietscht. Dann denke ich sofort hektisch: Fütter die Katz oder: Fütter die Miez. Das denke ich so hektisch, dass ich manchmal denke: Kütter die Fatz oder: Mütter die Fiez. Das macht mich noch ganz irre!

Fünftens, liebe Katze, ergibt es überhaupt keinen Sinn, dass du nachtaktiv bist. Gewöhn dir das ab! Du machst den ganzen Tag gar nichts und gammelst nur rum, und wenn ich nachts schlafen will, kommt dir auf einmal in den Sinn, dass du auf mir herumlatschen musst. Dazu besteht doch gar kein Grund. Geh doch um mich herum, wenn ich schlafe. Wenn ich das mal mit dir machen würde, wärst du aber platt. Kannst du nicht tagsüber irgendetwas Sinnvolles machen und dann nachts gefälligst müde sein? Lies doch mal ein Buch! Und ich sag dir mal noch was: Du könntest auch deine ganzen Haare, die du so am Tag verlierst, zu einer bestimmten Uhrzeit verlieren. Du hast doch angeblich so eine innere Uhr. Kuck da doch mal drauf, und dann stell dich, meinetwegen um drei, mitten ins Zimmer und verliere all die Haare, die du so vorhattest an diesem Tag zu verlieren. Da kann ich dann eine Zeitung drunterlegen und muss nicht so oft staubsaugen. Das wäre doch auch in deinem Sinne, wo du doch solche Angst vor dem Staubsauger hast, genauso wie vor dem Wäscheständer. Völlig hirnrissig, als ob dir der Wäscheständer schon mal was getan hat.

Sechstens möchte ich, dass du auch deine Krallen an den Hinterbeinen wetzt, ich weiß nicht wie, aber versuch's doch mal mit Handstand rückwärts vor dem Kratzbaum. Mir geht es auf den Keks, dass du so laut herumklackerst, wenn du über das Laminat in der Stube läufst.

Siebentens: Alles in der Wohnung gehört mir. Du magst es markiert haben, aber ich hab's bezahlt, und darum würde ich dir so gern verbieten draufzuspucken, zu kacken und zu kotzen und was du sonst noch tust, wenn du mal wach bist. Alles in meiner Wohnung ist wertvoll, aber davon hast du wieder überhaupt gar keine Ahnung. Du könntest da ja wenigstens mal drüber nachdenken, wenn du überhaupt über irgendwas nachdenkst. Ich weiß, dein Kopf ist ganz klein, und dein Gehirn darin ist noch kleiner, aber es kann doch nicht so schwer sein, zu verstehen, dass es gewisse Regeln gibt, an die auch du dich halten könntest. Solange du mit deinen vier Füßen unter meinem Tisch durchläufst, möchte ich, dass du dich wie ein anständiger Mensch verhältst, Miezekatze.

Und hör auf, dich ständig so niedlich einzurollen, da kann man dir überhaupt nicht anständig böse sein!

Und lach mich nicht immer aus, nur weil ich nichts im Dunkeln sehen kann. Ich weiß, dass du lachst.

Also, ich habe nichts gegen Linkshänder

Letztens kam raus, dass die Tochter der Nachbarn meiner Oma mit links schreibt. Irgendwer hatte sie dabei im Fahrstuhl erwischt und es dann den Eltern des Mädchens erzählt. Die Eltern hatten es schon geahnt. Der Schulpsychologe hatte so was schon angedeutet.

Meine Oma erzählte es mir nicht mehr ganz brühwarm, aber noch puplau am Telefon. Ein bisschen komisch fand sie die Tochter ja schon immer, sagte Oma, die wäre so …

»Na, wie?«

»Na, die trägt so komische Sachen …«, sagte Oma. »Das sieht man schon. Also, ich hab nichts dagegen, aber … Ich bin ja aus einer anderen Generation, meine Eltern hätten mir was erzählt. Ich meine, die macht das nebenan. Wenn ich jetzt was höre nebenan, dann denke ich immer, dass sie es gerade macht. Geht uns ja nichts an, aber … Ich meine, in dem Alter.«

Ich fragte, wie alt die Nachbarstochter ist.

»Gerade 13«, sagte Oma, »kann man denn in dem Alter schon wissen, ob man lieber mit links schreiben will? Ist das nicht so eine Phase? Ich habe ja auch mal mit links geschrieben, aber meine Eltern haben mir das abgewöhnt. Gott sei Dank. Ich hätte es sonst viel schwerer gehabt. Also, ich wollte das damals nur mal ausprobieren, nicht dass ich wirklich Linkshänder bin. Ich bin ganz normal.«

»Linkshänder sind doch auch ganz normal«, sagte ich.

»Na, ihr in der Hauptstadt. Ihr seid ja an so was sicher gewöhnt.«

Wir redeten noch ein bisschen über das Wetter, und ich dachte, dass das Thema erledigt ist. Meine Oma ist nicht die Person, mit der ich über Linkshänder reden will. Ich habe einige Freunde, die Linkshänder sind. Alle ganz nett. »Weißt du, dass Tante Martina auch mal Linkshänder war, aber nur ein paar Jahre«, sagte Oma.

»Was, echt?« Ich war baff. Gerade noch konnte ich mir den Satz verkneifen, dass sie gar nicht so aussieht. So ein Blödsinn!

»Ja, aber davor und danach hat sie mit rechts geschrieben«, sagte Oma. »Da haben wir drauf geachtet. Sie hat dann in der Pubertät Fotos von Linkshändern gesammelt, aber ich dachte, dass sie das nur macht, um mich zu ärgern.«

Ein paar Tage danach erzähle ich das in einem Kreis von Freunden und Bekannten, von denen einige offen linkshändig leben. Sie rauchen in der Öffentlichkeit mit links, unterschreiben in der Bank mit links und halten links den Regenschirm, wenn es regnet. Das sieht man in Berlin schon oft, aber ich muss auch immer hinkucken. Ich rede mir dann ein, dass ich auch hinkucke, wenn jemand mit rechts raucht, aber es sieht auch wirklich etwas komisch aus mit links.

Ein Linkshänder erzählt davon, dass er letztens nicht in einen Linkshänderclub gelassen wurde, weil er nicht linkshändig aussähe.

»Das heißt ja, dass die voll intolerant sind«, sagt eine Rechtshänderin.

»Wir wollen halt auch mal unter uns sein, ohne angeglotzt zu werden«, sagt der Linkshänder.

»Aber wenn Rechtshänder mal unter sich sein wollten, dann wäre das doch Diskriminierung?«, fragt ein Rechtshänder.

»Ja, so isses!«, gibt der Linkshänder zu.

Wir lachen alle.

Der Linkshänder sagt, er könne mit dieser ganzen Linkshänderszene aber auch nichts anfangen. Es gibt da welche, die Rechtshänder eklig finden. Das sei genauso dumm wie diese Rechtshänder, die sich total blöde haben, wenn sie bemerken, dass jemand mit links schreibt. Dann starren sie immer auf dessen linke Hand und haben Angst, dass sie mit dieser Hand berührt werden könnten, obwohl sie bei Rechtshändern nie Angst vor deren rechter Hand haben. Ein anderer Linkshänder lässt seine linke Hand bedrohlich nach den Rechtshändern am Tisch schnappen, als könnte sie durch einen Biss die Linkshändigkeit übertragen, obwohl der Aberglaube, Linkshändigkeit wäre ansteckend, inzwischen überholt ist. Die Linkshänder lachen. Die

Rechtshänder lachen auch. Aber anders. Sodass es ja auch jeder sieht, wie sie darüber lachen. Ganz natürlich nämlich.

Die Linkshänderin, bei der ich immer gedacht hatte, dass sie schon ein bisschen zu sehr damit angibt, Linkshänderin zu sein, sagt, dass sie die Szenelinkshänder auch doof findet, es gäbe da welche, die total stolz darauf sind, dass sie Linkshänder sind, und das, obwohl sie immer wieder betonen, dass es ganz natürlich wäre, und wenn etwas natürlich ist, dann kann man da ja nicht stolz drauf sein, weil man nichts geleistet hat.

Es wäre schon eine Leistung, offen linkshändig zu leben, sagt ein Linkshänder, vor allem als Linkshänder, vielleicht als Linkshänderin nicht so.

»Ach, da ist ein Unterschied …?«, frage ich. Das war mir entgangen.

»Natürlich!«, sagt ein Linkshänder sofort. »Weil Männer doch richtig zupacken müssen. Das können sie mit links ja angeblich nicht.« Die Linkshänder lachen. Die Linkshänderin sagt, sie wolle nicht innerhalb der Linkshänder noch mehr diskriminiert werden. Das mache sie zur Linkshänderin unter den Linkshändern.

Ein Linkshänder sagt, so ginge es aber auch nicht, dass sie das Wort Linkshänder, wie sie es gerade benutzt habe, mit Minderheit gleichsetze. Gerade sie als Linkshänderin.

Doch, das dürfe sie als Linkshänderin, sagt die Linkshänderin.

Eine Bekannte sagt, dass sie zwar Rechtshänder sei, also ganz normal, aber dass sie trotzdem nichts gegen Linkshänder habe. Alle Linkshänder, die sie kennt, wären ganz locker. Und das wäre doch ganz normal, dass … sie stockt … mit links Schreiben und so … Vielleicht ist es ein bisschen was Besonderes, aber das macht es doch interessanter, wenn nicht alle Menschen gleich sind. Es könnte doch beides geben. Sie schreibe gerne mit rechts. Sie wäre absolut zufrieden so. Und sie wolle da auch nichts ändern. Sie findet es ein bisschen gemein, wenn Linkshänder behaupten, alle Menschen könnten mit beiden Händen schreiben. Das würde sie als Rechtshänderin angreifen, denn sie versuche ja auch nicht, den Linkshändern einzureden, dass sie auch mit rechts schreiben könnten, aber sonst … sonst seien Linkshänder ganz toll. Und die wären so herzlich. Sie gehe auch gerne in Linkshändercafés, da sei die Stimmung so gemütlich.

»Das sind positive Vorurteile!«, weist die Linkshänderin sie zurecht.

»Aha«, sagt die Rechtshänderin betroffen. Das wollte sie nicht. Bestimmt, sie ist sich ganz sicher, gäbe es auch blöde Linkshänder, und ganz kurz schaut sie die strenge Linkshänderin an, dann schnell wieder weg.

Sie sei jedenfalls auch bei der Linkshänderparade dieses Jahr gewesen, das wäre so lebendig und lebensfroh. Und das alles, obwohl sie von dieser bösen Krankheit betroffen sind, dieser tödlichen Sehnenscheidenentzündung. Und dann seien sie trotzdem so bunt und offen.

Ein Linkshänder am Tisch sagt, Rechtshänder wären von Sehnenscheidenentzündung genauso betroffen, und es stimme nicht, dass Linkshänder die häufiger bekommen, weil sie mehr schreiben.

»Jedenfalls ist das doch alles gar kein Thema mehr«, sagt die Rechtshänderin und schaut zufrieden in die Runde, ob sie jetzt alles richtig gemacht habe, an allen Fettnäpfchen vorbei.

Hat sie nicht.

»Wenn es kein Thema mehr wäre, dann würdest du ja nicht so lange darüber reden«, sagt die Linkshänderin.

»Ihr redet doch die ganze Zeit darüber«, verteidigt sich die Rechtshänderin.

»Weil es eben noch ein Thema ist«, sagt die Linkshänderin.

Eine Weile starren sich die beiden Frauen böse über den Tisch an. Ein Linkshänder versucht, die Situation zu entspannen, indem er pathetisch sagt: »Ich träume von einer Zeit, in der über Linkshänder nicht mehr gesprochen wird.«

Butzeltag II

Als ich aufwache, klingelt das Telefon. Das stimmt nicht ganz. Das Telefon klingelt, als ich aufwache. Das stimmt auch noch nicht. Ich wache auf, WEIL das Telefon klingelt.

Oma ist dran und fragt, ob ich noch schlafe.

»So 'ne blöde Frage, von so 'ner klugen Frau«, sag ich, und gleich hab ich mein Weihnachts- und Geburtstagsgeld wieder erhöht.

»Was machst du denn noch im Bett?«, fragt Oma. »Butzelst du?«

Ich sage: »Ja!«, weil Ja kürzer ist als Nein und ich zu faul bin, ein so langes Wort wie Nein zu sagen. »Geht's dir gut?«, setzt sie ihre Fragerei fort.

Ich bejahe wieder. Inzwischen bin ich in die Küche getriefelt und hab die Kaffeemaschine angeschaltet.

»Bist du auf Klo?«, fragt Oma.

Ich sag wieder Ja, weil man beim Jasagen auch den Mund zulassen kann. Hm! Die Mundzuvariante für Nein ist viel zu unklar, weil nur in Nuancen vom Ja zu unterscheiden: Hmpf! Mal zum Vergleich: Ja - Hm, Nein - Hmpf. Es gibt auch noch ein deutlicheres gebrummtes Nein, das zweisilbige Hmhm, aber das ist mir zu aufwendig. Die Kaffeemaschine röchelt.

»Hast du Durchfall?«, fragt Oma. »Das klingt nicht gut.«

»Ist der Kaffee!«, antworte ich knapp. Mann, Mann, von zwei Buchstaben auf zwei Wörter gesteigert. Gleich sag ich alle Bibelzitate, die das Wort Jesus enthalten.

»Wenn du Durchfall hast, musst du Tee essen.«

»Tee trinken!«, verbessere ich die alte Frau.

»Nein, Tee essen!«, beharrt sie. »Du kaust schwarzen Tee und trinkst danach heißes Wasser.«

Ich überlege kurz, ob ich sie frage, wer ihr den Schwachsinn übergeholfen hat, aber der Satz ist mir zu lang. Ich krieg die Frage nicht unter drei Wörtern hin. »Wer sagt das?« Drei Wörter. »Wo hast'n das her?« Sogar vier Wörter. Ich sag einfach nur: »Warum?« Das ist natürlich nicht präzise gefragt, und meine Oma als ehemalige Deutsch- und Werkenlehrerin, sagt völlig korrekt: »Weil's so ist.«

»Warum?«, frag ich wieder, weil ich wissen will, wer das gesagt hat.

»Weil's so ist.«

»Warum?«

»Weil's so ist.«

»Warum?«

»Kirsten, ich ruf vom Handy aus an. Das ist mir zu teuer für so einen Quatsch. Trink jetzt einen Schluck Kaffee und fang an, lange Sätze zu sagen.«

Ich trinke einen Schluck Kaffee und frage: »Wer hat den Quatsch mit dem Tee gesagt?«

»Opa!« Ihr Ton ist etwas triumphierend, denn mein Opa war immerhin in Karl-Marx-Stadt im Stadtrat, der muss wissen, was man bei Durchfall macht.

»Siehste, und jetzt ist er tot«, sag ich. Wir lachen dusslig. Ich leg mich wieder ins Bett. Es ist immerhin erst dreizehn Uhr. »Warum rufst du denn an, Oma?«

»Weil mein Telefon kaputt ist«, erklärt sie.

»Oma, wirst du alt und doof?«

»Nein, ich hab das Handy ausprobiert, weil das Telefon kaputt ist, und wollt kucken, ob alle Nummern gehen.«

Ich werd schon wieder maulfaul und müde. »Warum?«, frag ich.

»Weil das Telefon kaputt ist.«

»Warum?«

»Weil mir Brandy drübergelaufen ist.«

»Wer ist Brandy?« versuche ich, witzig zu sein.

»Brandy«, klärt mich meine Oma auf, »ist der Hund vom Nachbarn.«

Ich bin schon wieder halb eingeschlafen. »Hmhm«, sag ich.

Oma erzählt mir, dass ihr Akku gleich alle ist, weil sie alle Nummern ausprobiert hat, die sie im Handy gespeichert hat. Dann erzählt sie mir noch was und noch was. Ich träume von kleinen Männern in meinem Ohr, die Ohrenschmalz abbauen und mit ihren Spitzhacken Geräusche machen wie »tut tut tut«. Ich wache kurz auf und lege den Hörer auf, schlafe wieder ein und träume gar nichts.

Als ich aufwache, klingelt das Telefon. Mal wieder und mal wieder falsch. Richtig ist, ich wache auf, WEIL das Telefon klingelt. Oma sagt, ihr Akku wäre wieder voll, und sie wollte kucken, ob alle Nummern noch gehen, nachdem der Akku alle war.

»Hmhm«, sag ich.

»Butzelst du immer noch?« Ihr überraschter Tonfall überrascht mich. Sie hat doch mit dem Butzelscheiß angefangen und mich als Kind total verzogen.

»Weißt du, wo ich etwas kaufen kann, was so klingt wie ein altes Schnitzel, wenn man es fallen lässt?«, fragt Oma.

Das ist 'ne harte Frage, wenn man klebrig im Kopf ist. »Was?«, stammel ich.

Sie wiederholt ihr seltsames Anliegen.

»Altes Schnitzel?«, frag ich. Ich bin schon wieder bei zwei Wörtern angelangt. Das sei für ihre Laienschauspielgruppe, und sie sei für die Geräusche zuständig.

»Nimm doch 'n altes Schnitzel!«, sag ich. Fünf Wörter.

»Trink Kaffee!«, befiehlt sie. Ich gehorche ihr und trinke Kaffee.

Inzwischen hat sie eine neue komische Frage. Ob es Heterokulis gibt. Oma erzählt mir, dass der schwarze Kuli, den sie meinem Neffen Luis geschenkt hat, bei ihm nicht schreibt und er Angst hat, das wäre ein Heterokuli und er wäre schwul.

»Solange er sich den Kuli nicht in den Po steckt, ist er nicht schwul«, lege ich fest. Oma behauptet, dass sie das nicht lustig findet, und gackert dabei wie ein kleines Mädchen.

»Oma, warum hast du noch mal angerufen?«

»Ich wollt dich fragen, was du heute noch so machst.«

Erst mal antworte ich: »Pffffffffff!« Dann lege ich mich wieder ins Bett und sage, dass ich noch ein bisschen butzel und mich dann wohl noch befriedigen werde, aber eigentlich zu faul bin. Oma ist verstört, aber nicht ob der Angelegenheit überhaupt, sondern weil ich keinen Vibrator habe.

»Nein, dann hab ich den Eindruck, ich bin ein Kochtopf und werde umgerührt«, erkläre ich ihr. »Ich hab nur so ein Ding, was ich selber bewegen muss. Da bin ich zu faul für.«

Oma reagiert verständnisvoll und schlägt mir vor, eine Sexfantasie zu erzählen. Ich höre ihr eine Weile zu und werde dann genauso schläfrig, wie wenn mir ein Mann tatsächlich stundenlang ins Ohr pusten würde und dann jeden Knopf einzeln und so.

»Oma, das ist öde. Überspring das Vorspiel!«

Oma gibt sich Mühe, etwas Deftigeres zu erzählen, aber ich unterbreche sie: »Mit Kondom oder ohne, Oma?«

Oma meint, das sei egal bei Fantasien.

»Und wenn ich dann schwanger werde?«

Oma reagiert wie ein zurückgewiesener Liebhaber. »Sag doch, wenn du gar nicht willst. Ich geb mir eine Mühe. Wenn es dich nicht anmacht, dann sag das doch.«

Ich wollt Oma nicht kränken und fasel deshalb etwas von: »Na ja, so anonym und so, so eine bin ich nicht, ich bräuchte ’ne klare Vorstellung von einem Mann, zum Beispiel Bruce Willis.«

»Bruce will es?«, fragt sie nach. »Dann ist doch toll, wenn Bruce es will, ruf ihn an und lass mich in Ruhe!«

Jetzt ist es an mir, zu gackern wie ein kleines Mädchen. Danach erkläre ich Oma, was ich gemeint habe. Sie solle einen bestimmten Mann beschreiben, nicht irgendeinen, so nötig hätt ich es auch nicht.

»Gut, Robert Redford!«, sagt sie. Ich stöhne genervt. Öh.

»Aha, der gefällt dir also?«, schließt Oma aus meinen Lauten.

»Nein, der ist mir zu zerknittert. Den finde ich doch in einem zerwühlten Bett überhaupt nicht wieder.«

Wir lassen es für heute. Oma sagt, ich soll heute noch was Sinnvolles machen. Die Fenster putzen beispielsweise. Ich handel auf Brilleputzen runter. Dann putze ich mir die Brille und schlafe wieder ein.

Rücktritt

An dem Tag, an dem mein Vater mir das Fahrradfahren ohne Stützräder beibrachte, musste ich eine Räuberhose anziehen, weil damit zu rechnen war, dass ich ohne Stützräder ein paarmal samt Rad und natürlich auch samt Hose umfallen würde, was meine Mutter mich nicht mit einer Hose tun lassen wollte, die ich auch in die Schule anziehen könnte. Meine Knie waren ihr egal. Knie wuchsen nach. Gute Hosen nicht.

Es gab nicht nur gute Hosen, es gab als Steigerung von gute Hosen noch »DIE« gute Hose. Die gute Hose war für das Zusammentreffen der Ereignisse Familie und Kuchen vorgesehen. Die gute Hose hatte so auszusehen, als hätte ich sie noch nie angehabt. Ich sträubte mich trotzdem nicht gegen die gute Hose – denn immerhin durfte ich eine Hose anziehen. Ich hatte meinen Eltern ein paarmal gesagt, dass ich Kleid oder Rock nicht haben wollte, aber sie waren auf dem Ohr taub, bis ich Kleid oder Rock regelmäßig vor der Kuchentafel lupfte, nur weil es ging. Das ging dann irgendwie nicht so für die Erwachsenen, dass ich ständig gelupft herumging, nur weil es ging. Ich bekam dann eine unlupfbare Festtagsbekleidung, die nämliche gute Hose. Wie fast jedes Mädchen oder jedes zweite oder dritte wollte ich lieber ein Junge sein und nur manchmal ein Mädchen. Zum Beispiel Haarspangen waren eine gute Mädchensache. Die waren praktisch. Da hingen einem nicht immer die Haare im Gesicht. Heulen dürfen und mit Teddybär Schule spielen war auch gut. Kleidchen nicht. Wenn man mir ein Kleid anzog, das bemerkte ich sehr schnell, ging es nur noch um das Kleid, in dem ich drin war. Mein Bruder durfte seine Modellflugzeuge herzeigen, auf die er ganz akkurat die Abziehbilder draufgeklebt hatte. Wenn ich dann Bastelarbeiten vorlegte, wurden die auch schön gefunden, aber das Kleid war und blieb schöner. Mein Vater bekam auch immer viel Bewunderung für sein tolles Aquarium, meine Mutter nie für die saubere Kloschüssel. Meine Mutter wurde oft für ihre Locken gelobt.

Ich mochte die gute Hose nicht sonderlich. Es hätte ihr nicht geschadet, damit ein paar Mal ordentlich hinzufallen, durch ein Gestrüpp zu rennen oder mit Modderpampe zu spielen. Das war das, was Räuberhosen ausmachte. Man zog sie zum Räubern an. Das Schönste an Räuberhosen war, dass ich sie runtergeräubert von meinem Bruder bekam. Der bekam seine Räuberhosen runtergeräubert von unserem Cousin. Räuberhosen hatten Kunstlederflicken auf dem Knie, und weil unsere Mutter uns wirklich liebte, waren die Kunstlederflecken rund und nicht in Herzform. Räuberhosen waren also echte Jungshosen.

Mein Klapprad war hellblau, aber darum nicht gleich ein Jungsrad. Die DDR hatte keine rosafarbenen Mädchenräder hergestellt. Wenn der Begriff nicht so ganz und gar un-DDR-ig wäre, würde ich sagen, es war ein Unisex-Klapprad.

Ich fiel oft um, bevor ich die Straße auf und ab fahren konnte, ohne meinen Vater zu brauchen, der rennend die Funktion der Stützräder übernehmen musste. Mein Vater war danach völlig fertig. Ich kann mich erinnern, dass ich stolz auf ihn war und er zu erschöpft, um auf mich stolz zu sein. So habe ich Fahrradfahren gelernt. Im Übrigen mit Rücktritt.

Als ich jetzt neulich ein Fahrradfachgeschäft betrat, um ein Fahrrad zu erwerben, teilte mir ein fescher Verkäufer mit, dass es Rücktritt nicht mehr gäbe. Der Fahrradmann war sehr gut geeignet zum Ansehen, auch die Arme und so. Er hatte auch ganz wunderbare Räuberhosen an. Nur Rücktritt konnte er mir nicht anbieten.

Ich war bestürzt. Ich fragte, ob nicht manchmal jemand reinkäme und nach Rücktritt fragte … Rücktritt gab's doch immer. Das ist doch ein Fahrradladen, die müssten doch alles haben, was es an Fahrrädern gibt, auch mit Rücktritt …

Kopfschütteln. Hm, entwich es mir mehrfach. Ich sammelte mich wieder und stammelte weiter: Und hat das nicht Vorteile? Also, wenn man mit Rücktritt Fahrradfahren gelernt hat, dann ist das doch sicherer, wenn man dann auch mit Rücktritt, das muss doch Vorteile haben …

Kopfschütteln. Hat keine Vorteile.

»Aber, vielleicht kann man das extra einbauen, wenn es das so nicht mehr gibt, dann …«

Unmissverständlich machte mir der Verkäufer ein letztes Mal klar, dass es Rücktritt nicht mehr gibt. Vielleicht irgendwo in Afrika gäbe es noch ein altes rostiges Fahrrad mit Rücktritt, das in einem Schuppen vergammelt. Nur die Dinosaurier sind mit Rücktritt gefahren. Fahrräder mit Rücktritt gehören in Schulen zum historischen Anschauungsmaterial. Fahrräder mit Rücktritt werden von der UNESCO als Weltkulturerbe abgelehnt. Wer Fahrrad mit Rücktritt fährt, der hört doch noch Walkman oder der trägt doch einen Plattenspieler mit sich rum oder ein Grammophon, der isst doch noch Raider. Wer Fahrrad mit Rücktritt fährt, der denkt doch, die Welt ist eine Scheibe, von der er runterfällt, wenn er nicht schnell auf den Rücktritt steigt.

»Ja, ich hab's verstanden«, sagte ich und verließ mit Scham und Gram bedröppelt den Laden. So eine Schmach! Das mir!

Aber als Rücktrittfrau brauchte ich dem Fahrradmann gar nicht noch mal unter die Augen zu treten. Och!

An dem Abend bekam ich Schein-Depressionen. Was war das für eine Welt? Ganz ohne Rücktritt? Was soll man da machen? Was soll ich da machen? Wenn die Welt sich einfach ändert, ohne mich zu fragen? Als ob es nicht um mich ging in der Welt. Nicht unwahrscheinlich, dass ein Tag kommen wird, an dem ich wie immer zum Bäcker gehen werde, um dort meine Brötchen zu erfragen, und man mir gewohnt patzig sagen wird:

»Brötchen jibt's nich mehr.«

»Ah, Brötchen sind für heute aus?«, werde ich sagen, aber die Bäckersfrau wird weiterpatzen:

»Nee, janz und jar. Et jibt keene Brötchen mehr. Wern nich mehr jebacken. Niemand braucht die. Und die Farbe Jelb wurde abjeschafft. Wird nich mehr herjestellt. Jelb jibt's nur noch in Blau. Katzen? Katzen jibt's nich mehr. Einfach so. Is eben so. Katzen sind aus. Et jibt nur no diese Katzen mit Rüssel. Brauch ma halt 'ne große Wohnung. Et jibt auch keene Brötchen in Katzenform. Fahrräder jibt's ooch nich mehr. Dafür jibt's wieda Rück-

tritt, aba ohne Fahrrad. Könnse einzeln koofen. Aba nich in Jelb.«
Wer weiß, was die Welt noch so mit mir macht. Darf die das?
Immer ist etwas anders oder gleich ganz weg. Erst war ich kein
Kind mehr. Und dann waren die Stützräder weg. Und dann war
die DDR weg. Eine neue Gesellschaftsform und das ganz ohne
Stützräder. Und jetzt kein Rücktritt mehr. Wie soll das weiterge-
hen? Mein Vater hat kein Aquarium mehr. Wie soll das weiterge-
hen? Dann wird mein Vater weg sein, dann meine Mutter, dann
mein Bruder, dann ich. Vielleicht wird auch der Tod abgeschafft.

Am Morgen darauf ziehe ich meine gute Hose an, gehe zum
Fahrradmann und sage: »Okay, ich pack's, ich lerne ohne Rücktritt fahren, aber bis ich's kann, brauch ich Stützräder.«

Strangsanierung

Letztens war bei meinen Eltern Strangsanierung. Das klingt wie Drangsalierung oder Strangulierung und ist auch so ähnlich.

Weil meine Eltern mich großverzogen haben und ich ihnen deshalb etwas schulde, musste ich eine Woche lang ihre Wohnung hüten, von 7 bis 15 Uhr, manchmal auch bis 14 Uhr oder bis 16 Uhr, das hing davon ab, wann meine Eltern aus der Schule kamen. Meine Eltern sind beide Lehrer, Mama und Papa Stief auch. Ich liebe meine Eltern, aber ich konnte es nicht lassen, jeden Morgen meinen feinen Humor an ihnen auszutoben, indem ich sie mahnte, sie sollen ja aufpassen in der Schule, schön mitschreiben, die Pausenbrote aufessen, keine Kinder boxen, denn das dürfen Lehrer nicht. Das bisschen Freude musste schon sein, dafür, dass ich halb sechs aufstand, ich Gute, und durch die Kälte fuhr, ich Gutste, nach Hellersdorf, ich Arme, zur Strangsanierung, ich Ärmste.

»So, hopp, hopp!«, sagte ich zu Papa Stief am ersten Tag. »Und vergiss den Ranzen nicht wieder in der Turnhalle, du Schussel!«

Papa Stief hatte mir auch noch dies und das zu sagen. Erstens: Blabla irgendwas mit der Einbauküche, pipapo. Zweitens: Irgendwas mit dem Bad, Schacht, Fliesen, Badewannenanschluss, ssssssssssst. Mir war es zu früh zum Zuhören. Das musste er doch kennen, er ist doch Lehrer. Dann waren meine Eltern weg, und ich war allein in der Wohnung. Früher hieß das mal »sturmfrei«, und ich hätte bestimmt gackernde Mädels und pupsende Jungs zum Saufen eingeladen. Aber wen sollte ich um die Uhrzeit anrufen? Hey, hey, Mega-Strangsanierung in Hellersdorf.

Außerdem war es auch fix vorbei mit sturmfreier Bude, denn es klingelte Sturm, und ein munterer Haufen Latzhosenfüllung quoll durch die Wohnungstür wie 'ne Kloakewelle. »MORGN! MORGN! MORGN! MORGN! Wir stellen jetzt den Strom ab!«, verkündete einer, sprach's, tat's, zappenduster. War ja Winter, da is ja dunkel morgens.

Die Eindringlinge zogen sich zurück und machten Polonaise durch die anderen Wohnungen im Haus. Ich tappte mit einer

Kerze in mein altes Kinderzimmer, das inzwischen das perfekt eingerichtete Arbeitszimmer meiner Mutter war, mit Computer, Radio, alles. Dann realisierte ich, dass Computer ohne Strom gar nichts sind außer weißen Kisten, so wie Radios nur schwarze Kisten sind und Kaffeemaschinen nur hässliche Vasen. Irgendwie hatten meine Eltern vergessen, mir zu sagen, dass der Strom auch weg sein würde. Es war nur von Wasser die Rede. Rasend schnell marschierte eine neue Gruppierung Latzhosenfüllungen auf: »MORGN! MORGN! MORGN! Wir stellen jetzt das Wasser ab!« Zack! Weg waren sie! Und das Wasser auch!

Da saß ich nun. Im Haus dröhnten Spukgeräusche, Hämmern, Rufen, Trampeln. Kein Strom. Kein Wasser. Ich will kein Mitleid. Nur Verständnis. Im Prinzip war die Situation doch wie Knast. Nur dass wie zum Hohn die Wohnungstür sperrangelweit geöffnet war, ich aber durch die dicken Taue der Elternliebe an der Flucht gehindert ward. Dann doch lieber richtig Knast. Ich saß auf dem Drehstuhl meiner Mutter und drehte mich um mich selbst, bis mir komisch wurde. Immer wenn ich mich einigermaßen entspannte, weil der Kerzenschein so schön in der eiskalten Zugluft flackerte – »MORGN! MORGN! MORGN!« – immer in solchen Momenten kamen Männer in die Wohnung und trieben etwas Lautes. Lichtkegel aus Taschenlampen hüpften über mein Gesicht – »MORGN!« – sie rollten Folie im Flur aus. Sie schrien: »Harald, bringste den Neuner mit?«, dann waren sie wieder weg. Ich entwickelte dadurch einen Zustand wie das Herz eines Kaninchens. Ich war voller Huschhusch-Flucht-Gefühle. »MORGN! MORGN!« Irgendwann wollten dann sogar welche mit mir reden. Ein Mann davon war wichtig, weil er keine Latzhose trug und mit einem Kugelschreiber klackerte. Er sagte in der Küche: »Ach du Scheiße, Einbauküche!«, und im Bad sagte er: »Ach du Scheiße, Fliesen!« Das waren doch die Stichworte von Papa Stief gewesen. Da war doch was, auf das ich achten sollte. Ich war aber schon so sehr Kaninchenherz geworden, dass ich immerzu wiederholte, ich sei nur die Tochter und hätte von nichts eine Ahnung. Da man mir im Dunkeln die 13 Jahre abnehmen kann, schenkten sie mir einen Lolli und schlossen mich aus allen Entscheidungen aus. Gut! Gut, fand ich und verkrümelte mich in das Arbeitszimmer meiner Mutter, was nun wieder ein Kinderzimmer war. Ich drehte mich auf dem Drehstuhl, bis ich einschlief. Ich wachte auf, als im Flur ein Loch in die Decke gemacht wurde, schlief aber wieder ein, wachte dann wieder auf, als ein Loch in den Boden gemacht wurde, und schloss deshalb die Zimmertür. Dann wachte ich erst wieder auf, als Papa Stief aus der Schule kam. Noch bevor ich ihn mit einem pfiffigen Satz begrüßen konnte, so in Richtung Schulessen, Betragen, Mitarbeit, sagte Papa Stief mit Augen, die zehn Weltkriege geblickt hatten: »Die haben alles abgerissen!«

»Alles?«, fragte ich ungläubig. »Die ganze Wohnung? Das ganze Haus? Ganz Hellersdorf? PRIMA! Ach so, das war 'ne Stadtsanierung!«

Papa Stief war nicht nach Scherzen. Mit einem Gesicht wie aus sehr oft recyceltem Klopapier sagte er: »Komm mit!« und führte mich aus meiner Kaninchenhöhle. Ging ich zur Schlachtbank? Zur Guillotine? Ach so, nee, nur ins Bad! »Huch, da is ja ein Riesenloch im Boden!«, schrie ich.

»Ja, aber vor allem ist der ganze Schacht weg«, erklärte mir Papa Stief, »die sollten doch nur die Vorderfront abnehmen, wegen der Fliesen …«

Ich konnte wieder nicht zuhören, das ist einfach so bei Mathelehrern, ich kann denen nicht zuhören. Irgendwie bekam ich aber mit, dass etwas geschehen war, was hätte nicht geschehen sollen. Und dass halt der ganze Schacht weg war. »Ja, aber sonst würde man ja das Riesenloch im Boden nicht sehen!«, warf ich ein. War scheinbar kein Argument. Papa Stief erklärte mir noch mal, dass die Fliesen … blablabla.

»Das hättest du mir doch sagen müssen!«, sagte ich.

»Hab ich doch!« Papa Stief legte in den Satz seine letzte Energie für den Tag, und danach sackte er auf dem Küchenstuhl zusammen und blieb dort sitzen wie ein Haufen Kartoffelschalen. Er jammerte nach einem Verantwortlichen und fragte mich, ob ich mit jemandem geredet hätte, morgens. »Mit dir!«, sagte ich.

»Kannst du den Mann finden, der im Bad den ganzen Schacht abgerissen hat?«

Darauf hatte ich ja nun gar keine Lust, im Haus waren Handwerker, als wären sie aus einer Hunderterpackung gekullert, alle mit derselben Fresse, demselben Schnauzer und derselben Hose. Außerdem hatte ich ja gepennt, bei geschlossener Tür, was weiß ich, wer in der Zeit auf den Balkon geschissen hat. »Ich habe die ganze Zeit gepennt, bei geschlossener Tür«, sagte ich zu Papa Stief. Versuch's mal mit entwaffnender Ehrlichkeit, dachte ich mir.

Papa Stief war so kaputt wie sein Bad, er brabbelte nur noch: »Du solltest aufpassen und nicht schlafen! Dann hätten wir auch die Wohnung einfach offen lassen können.«

»Dann muss ich morgen nicht kommen?«, fragte ich beschwingt.

»Um sieben!«, sagte der alte Mann.

Am nächsten Tag, namens Dienstag, war ich Punkt sieben da und fand meine Eltern in ihrer ehemaligen Wohnung vor. Wie lustiger Campingurlaub, nur dass sie gar nicht lustig waren. Meine Eltern hatten Tränensäcke, die gemütliche Hängematten für kleinere Tiere abgegeben hätten. Der Zustand ihrer Wohnung legte sich schwer auf ihre Laune. Die Lage an der Strom- und Wasserfront sah so aus, dass es einen funktionierenden Wasserhahn gab, der aber nachher wieder abgestellt werden würde. Strom war überall, außer im Bad, und auch nur, bis die Latzhosenfüllungen kamen, und dann wäre wieder mittelalterliches Gefängnis für mich angesagt.

»Na, wann kommt ihr heute aus der Schule?«, fragte ich meine lieben Eltern. Meine Mutter reichte mir schweigend ein leeres Glas, auf dem der Schriftzug »Schattenmorellen« stand. »Das wirst du heute brauchen. Zwei Stunden später als gestern.« Das würde hart für mich werden, aber ich hatte ja ein Schattenmorellenglas, super. Ich ging lieber noch mal ins kerzenscheinerleuchtete Bad, um mich im Voraus zu erleichtern. Vom Klo aus konnte ich in das darunterliegende Bad sehen, wo ein Mann bei Kerzenschein auf dem Klo hockte und in das Bad unter ihm schielte, wo eine Frau bei Kerzenschein auf dem Klo hockte und in das Bad unter sich schielte. Ich sah zur Decke, und – richtig – in der Wohnung drüber saß ein Mann bei Kerzenschein auf dem Klo und kuckte auf mich herunter. Ich winkte.

»Die haben ja den ganzen Schacht bei Ihnen abgerissen!«, sagte der Mann.

»Jaja!«, rief ich zurück. »Da habe ich nicht richtig aufgepasst!« Ich hatte nachts geträumt, dass ich einen Wasserschaden, der meinetwegen entstanden war, aufgeleckt hatte und dass ich Fliesen aus meinen Zähnen herstellen ließ, damit Papa Stief neue Fliesen hat. Diesem leicht zu deutenden Traum entnahm ich, dass ich doch ein schlechtes Gewissen verspürte, wenn auch nur ganz versteckt in meinem Unten-hinten-rechts-um-die-Ecke-ICH. Heute würde ich alles richtig machen, nahm ich mir vor. Papa Stief belehrte mich darüber, worauf ich zu achten hatte: Einbauküche sagte er, Herdanschluss, Steckdose, sagte er, aha. Ich dachte schon wieder über einen witzigen Spruch zum Abschied meiner Eltern nach, z.B.: »Habt ihr denn eure Hausaufgaben gemacht?«

»Hast du verstanden?«, fragte Papa Stief. »Hmhm!«, sagte ich. »Gut, tschüss!«

Ich genoss noch ein wenig Strom und Wasser, bevor wieder mein offener Vollzug begann.

»MORGN! MORGN! MORGN!«

Ich sagte irgendeinem der Hosenmatze die folgenden Worte: Einbauküche, Herdanschluss, Steckdose. So, damit hatte ich alles gemacht, was ich sollte. Der Handwerker sah mich an, zuckte die Schultern, ich nahm das als »Okay, geht klar!« und legte mich schlafen. Ich ließ sogar die Tür offen. Das wird der Grund sein, warum ich beim Erwachen, so gegen elf Uhr, alle Namen aller Handwerker kannte. Ich musste sie im Schlaf gelernt haben. Als Wolfgang Hannes fragte, wo der Schraubenzieher war, brüllte ich: »Den hat Uli!« Hups!

»Danke, Kleene!«, sagte Rüdiger und lächelte schief in die Stube, wo ich auf dem Sofa herumlag. Ich hoppelte lieber wieder in meine Kaninchenhöhle und schloss die Tür. Dort beschäftigte ich mich mit dem Verwirren meiner Flüssigkeit im Innenohr, indem ich den Drehstuhl dazu verwandte, wie er ja auch heißt. Durch die Zentrifugalkraft, die alles nach außen drückt, musste ich pullern. Man sollte schon einmal in seinem Leben in ein Schattenmorellenglas gepullert haben, hatte ich ja schon mal in meiner Kindheit. Damals hatte ich genau solche Angst, dass ich mehr von mir geben könnte, als das Glas zu fassen bereit war, wie das bei Kommunikation oft ist. Danach schlich ich auf den Balkon, das Schattenmorellenglas zu leeren, dabei äugend, dass mich niemand sah. Wenn einer dieser Zollstockenten spontan im Blickfeld auftauchen würde, könnte er die Lage blitzschnell erfassen – Mieter, hellgelbe Flüssigkeit, AHA! –, weshalb ich ganz charmant sagen würde: »Hm, Apfelsaft.« Und weil er diese Lüge in seiner Strangsanierungskarriere bestimmt auch schon oft gehört hatte, würde ich das Glas ansetzen und beherzt einen kräftigen Zug davon nehmen. Gott, ich wäre so gerne Geheimagentin geworden.

Kurz bevor meine Mutter aus der Schule kam, rief sie auf dem Handy an und sagte, ich könne den Grill auf dem Balkon anschmeißen.

»Was denn für einen Grill?« Ich hatte keinen Grill gesehen.

»Na, der ist auseinandergebaut. Der Rost liegt bei der Gießkanne und das Gestell unter dem Korbstuhl und der eigentliche Grill bei den Blumentöpfen.«

Ich suchte auf dem Balkon herum. »Das schwarze Teil?«

»Ja«, sagte Mama.

Mist, da hatte ich irgendwie das Schattenmorellenglas reingekippt, weil Kinder im Hof waren und ich wieder Geheimagent gespielt hatte, mein Ziel war es gewesen, meine Schattenmorellenglas-Entleerung zu verbergen, weshalb ich das Gefäß, ebenjenes welches, nicht einfach über die Balkonbrüstung auskippen konnte. Es hätte in der Situation auch keinen Sinn gemacht zu rufen: »Hm, Apfelsaft!« Warum sollte ich den dann wegkippen, hä? Ich wäre eine gute Geheimagentin geworden.

»Aha, das ist der Grill«, sagte ich zu meiner Mutter. »Gut, ich mache ihn an, und dann muss ich aber sofort gehen. Darf ich gehen, bevor du da bist? Dann ist die Wohnung nur ein paar Minuten unbewacht.«

»Willst du nicht mitessen? Wir machen Würstchen!«

»Nein«, sagte ich. Ich wollte von diesem Grill kein Würstchen, außerdem wollte ich selber ein Würstchen machen und darum dringend nach Hause.

Da ich in dieser Nacht träumte, meine Eltern würden beide nach dem Verzehr der Grillwürstchen die Gelbsucht bekommen, ging ich davon aus, dass ich wieder ein schlechtes Gewissen hatte, weshalb ich regelrecht froh war, dass ich meine Schuld mit weiteren drei schrecklichen Tagen ableisten konnte.

Am letzten Tag hatte ich sehr gute Laune, weil es der letzte Tag war. Die Laune meiner Eltern war anders und das, obwohl zumindest die Löcher in den Wänden wieder mit Wand gefüllt waren. Papa Stief war voller Zorn gegen die unfähigen Handwerker, die wie eine Heuschreckenplage über die Wohnung hergefallen waren. Immer wenn Papa Stief mit einer der Heuschrecken etwas abgesprochen hatte, führte eine andere Heuschrecke die Arbeit aus, und zwar, wie es ihr gerade einfiel. Die Steckdose, die Papa Stief tagelang so wichtig gewesen war, hatte am Mittwoch einen neuen Platz *über* dem Schrank bekommen, sodass die Kaffeemaschine entweder in der Luft hing, weil das Kabel zu kurz war, oder sie stand schief auf der Anrichte, wenn ein Verlängerungskabel benutzt wurde, wobei jedes Mal ein Unglück passierte, wenn die Schranktür geöffnet wurde. Meine Eltern reagierten auf alles stoisch. Sie waren voller Kaffeeflecken und verzogen keine Miene, wenn wieder einmal die Kaffeemaschine abstürzte. Ich bin mir sicher, sie hätten an diesem Tag nicht mal mehr Reflexe im Knie gehabt. Meine Mutter jammerte, weil sie endlich sauber machen wollte. »Ich will eine Waschmaschine machen. Ich möchte so gerne staubsaugen und wischen.«

»Dann fahr doch zu mir«, sagte ich. Sie lächelte nur matt, aber hätte ja klappen können. Dann fand der allmorgendliche Tausch statt, der die ganze Woche durchzogen hatte. Eltern weg, Handwerker da. Manfred brüllte sein »MORGN!«, dass mir die Zeitung in den Händen zerbrach. »Lies nich alle Buchstaben weg!«

»Hmm!«, kommentierte ich seinen lockeren Spruch aus dem Handbuch »Kundenkontakt leicht gemacht«. Dann wurde es erst mal drinnen dunkel, Strom weg, und ich konnte die Zeitung beiseite legen, bis es draußen hell werden würde. Solange machte ich meine Astronautenübungen auf dem Drehstuhl, und dann schaute ich aus dem Fenster. Eine Mutter lief mit ihrem Kind über den Hof. Das Kind hatte solche Blinkturnschuhe an, die bei Bodenkontakt rot aufleuchten. Blink, blink, blink, lief das Kind. Dann rannte es, blink, blink, blink, blink. Die Mutter rauchte: Glühhhhhhhhh, glühhhhh, zog sie an der Zigarette.

»MORGN!«, knallte eine Latzhosenfüllung in meinen stillen Moment. »Wo solln die Duschstange hin?«

»Ins Bad«, sagte ich.

»Und der Waschmaschinenanschluss?«, fragte er weiter.

»Ins Bad«, wiederholte ich.

»Und in welche Höhe der Seifenhalter?«

»So, dass man rankommt.«

Horst nickte und ging ins Bad, Krach machen. Ich beobachtete das Dämmern draußen, bis mir dämmerte, dass mir Papa Stief wieder einmal morgens irgendwelche Instruktionen gegeben hatte. Seifenhalter. Waschmaschinenanschluss. Duschstange. Blub, blub, ich habe einfach ein Homer-Simpson-Problem, wenn ich zuhören soll. Ich bin so schnell abgelenkt. Oh, eine Fliege. Wenn ich schiele, kann ich trotzdem nicht meine Zungenspitze sehen. Papa Stief kuckt so streng, wie lustig, ob er was Wichtiges sagt?

»Du sollst mir zuhören!«, hatte er gedonnert.

»Mach ich doch«, hatte ich behauptet.

Hihi, seine Augenbrauen sahen aus wie kämpfende Tausendfüßler. Wenn die jetzt über seine Stirn laufen würden, das würde so ulkig aussehen.

Na gut, ich hatte nicht wirklich zugehört. Ich rief in der Schule von Papa Stief an, sagte, dass ich meinen Urururgroßvater Herrn Hohnschild sprechen möchte, und lachte, bis er ans Telefon kam. »Du, sag mal …«, begann ich, »… du hast mir doch gesagt, wo die Duschstange hin soll, nicht wahr?«

»Hmhm!«

Ich ging mit dem tragbaren Telefon ins Bad. »Ins Bad, nicht wahr?«

»Hmhm!«

»Über die Wanne?«

»Hmhm!«

Horst stand in der Wanne und hatte schon ein Loch gebohrt. Scheiße. Für den Seifenhalter auch. Es hat einige Geschicklichkeit gebraucht, Papa Stief einzureden, dass er es gerne so hätte, dass die Seife in Kopfhöhe hängt. Er redete wild ins Telefon: »Nicht in Kopfhöhe. Das ist doch völliger Quatsch. Sag das dem Handwerker! Das ist doch Quatsch.«

»Gut, dann machen wir das so!« Ich legte schnell auf.

Papa Stief rief ratzfatz zurück, um mir genaue Maße durchzugeben. »Zu spät!«, sagte ich. »Alle Löcher sind schon gebohrt. Und du sagst die ganze Zeit, die würden nicht schnell arbeiten können.«

Papa Stief grollte, und auch Horst grollte, als er hörte, er würde nicht schnell genug arbeiten. Ich sagte Papa Stief noch, er solle lieber wieder in seinen Unterrichtsraum gehen, sonst würde die Klasse noch heimlich was lernen in seiner Abwesenheit.

Ab Mittag sirrte häufig das Wort »Abnahme!« in den Räumen. Die Latzhosen trippelten aufgeregt hin und her. Abnahme, Abnahme. Sie stellten sich um zwei im Flur auf und salutierten vor dem großen Chef, der eine normale Hose tragen durfte und einen Kugelschreiber hatte. Der Chef piekste allen Latzhosen in den Bauch und stellte fest, dass alle abgenommen hatten, und daraus folgte, dass alle hart gearbeitet hatten. Also, schönes Wochene… Weg waren sie. Heuschreckenplagen kommen und gehen. Dreck bleibt. Pompeji war nach dem Vulkanausbruch auch nicht besenrein. Ich überlegte, ob ich meiner Mutter die Freude machen sollte zu putzen, aber da sie morgens so sehnsuchtsvoll davon gesprochen hatte zu putzen, ließ ich ihr die Freude und machte noch etwas mehr Dreck.

»Die Stränge sind saniert«, sagte ich feierlich und zog die Tür hinter mir zu.

Widrig

Mitten in der Nacht schellt das Telefon. Meine Ohren sind sofort wach, dann meine Augen, aber mein Geist weiß nicht, warum mein Traum plötzlich weg ist. Waren da nicht schartige Eisbahnen und darauf kufige Wagen, mit denen in wahnsinniger Geschwindigkeit Zehnerpacks Bäffchen an Pfaffennachwuchs ausgeliefert werden sollten …?

Mein Leben ist so, dass für »mitten in der Nacht klingelt das Telefon« mehrere Menschen infrage kommen. Entweder ist es wichtig, wirklich wichtig, oder es ist so betrunken wichtig, was einem auch mal viel wichtiger vorkommen mag als wirklich wichtig.

Ich suche das Telefon in Erwartung schauriger oder schöner Neuigkeiten. Zum Beispiel: Freundin heult sich durch die Stadt, ich muss schnell kommen, Freund will noch tanzen gehen, bis die Schuhe auseinanderfallen, und dann müssen wir morgens um sieben im Imbiss heiraten. Irgendwas Schönes.

»Hier ist Ihre T-Net-Box. Sie haben neue Nachrichten. Zum Abhören Ihrer Nachrichten drücken Sie die Eins.«

Meine was? Warum? Ich meine, meine wer? Hallo, sage ich. Hallo.

»Zum Hallosagen drücken Sie die Drönzich.«

Ich lege auf. Mit der bin ich nicht befreundet. Die ist doof. Ich gehe wieder schlafen. Mitten in der Nacht, also morgens, schellt mein Telefon. Meine Ohren sind sofort wach, dann meine Augen, mein Geist auch schnell genug, um zu denken: Telefon. Telefon. Wo hab ich's denn hingelegt? Wo hab ich's? Heut Nacht hat mich was Komisches angerufen, und da hab ich's, ah ja, da …

»Hier ist Ihre T-Net-Box. Sie haben eine neue Nachricht. Zum Abhören Ihrer Nachricht drücken Sie bitte die Eins.«

Meine was? Ich meine … Was?

Ich drücke die Eins. Die Stimme erzählt mir, dass sie mir jetzt meine Nachrichten vorspielt, eine nach der anderen, und zwar die Nachrichten für meine Rufnummer, und dann sagt sie mir im

Schneckenstillstandstempo meine Rufnummer, aber gleich wird sie mir meine Nachrichten vorspielen, wenn ich noch einen kleinen Moment Geduld habe … wird sie mir … Ich lege auf und mich wieder hin.

Als ich zwei Stunden später bereit bin, wach zu sein, werde ich wach. Mein Telefon klingelt. Überraschung. T-Net-Box. »Hier ist Ihre …«

Ich lege auf. Warum hab ich so was? Was ist das?

Die Telekom kann mir eh mal gepflegt ins Anallicht sehen, ob's finster is'. Ich bin der letzte Mensch auf der Welt ohne DSL. Die Telekom ist auf jeden Fall widrig. Die haben bei meinem Umzug meinen Vertrag verlängert, und zwar um ein Jahr. Komm ich nicht raus, kann ich zappeln, wie ich will. Na gut, dann eben bei der Telekom DSL, dachte ich, die machen das doch auch. Hab ich alles online durchgeklickt, ja, nein, Schuhgröße 38, Sternzeichen Gurkenlöffel, dauert bei meinem Modem so bumslange, dass ich mir währenddessen drei Gallensteine wachsen lassen kann. Am Ende der Prozedur rattert das tütüfarbene Telekom-Programm meine Daten durch die kleine Spieluhr und spuckt aus: GEHT NICH. Einfach nur, geht nich, nicht warum und nicht, was ich jetzt machen soll, nur GEHT NICH. Mein Haus gibt's gar nicht oder was auch immer.

Telefon klingelt. Sieht so aus, als ob die Frau T-Net-Boxenluder mich nicht in Ruhe lässt, bis ich mal richtig dolle die Eins gedrückt habe.

»Zum Abhören Ihrer …« Ich drücke die Eins. Die erste Nachricht ist von Anfang Mai, das ist ein halbes Jahr her. Eine Bekannte, die mich zu ihrer Geburtstagsparty einlädt. Ja, da brauch ich jetzt auch nicht mehr gratulieren. »Zum Löschen dieser Nachricht drücken Sie die Driezinus. Zum Abhören der Nachricht auf Polnisch drücken Sie die Trölfzich, um die Zeit zurückzudrehen, drücken Sie die Hunderthitlerschnauzerich.« Boah, mir platzen Kragen ohne Ende. In meinem Schrank platzen alle Kragen von allen T-Shirts. Die nächste Nachricht ist von einer Freundin, die heulend durch Wedding läuft. Anfang Juni. Die wird sich sicherlich beruhigt haben. Danach mein Cousin, der sich nur mal melden wollte, dann legt er allerdings nicht auf, sondern tippt auf seinem Handy herum und raucht. Endlos.

Ich breche ab. Aber als ich mein Frühstück bereite, um an diesem Tag frisch und munter und satt meinen Tag anzufangen, um dann gleich mal beim T-Punkt reinzuschneien, wegen irgendwen verkloppen, ruft mich … Rat mal, na, rat mal – meine T-Net-Box ruft an. Sie besteht darauf, dass ich alles abhöre, das ganze Cousinhörspiel. Ich kann nicht abbrechen, vorspringen, löschen. Mein Cousin steigt ins Auto, stellt das Autoradio an, fährt herum, summt … Irgendwann finde ich es richtig spannend. Er geht einkaufen, sagt Guten Tag, schließt eine Tür auf, sieht Fernsehen. Wir verbringen einen schönen Tag miteinander. Was hast du heute gemacht? Ich habe meine T-Net-Box abgehört. Und ich bin immer noch nicht fertig damit. Freunde, die immer verärgerter werden, die im Juli meckern, im August schreien und mir im September vergeben.

Wenn ich wegen Erschöpfung abbreche, ruft die T-Net-Box sofort wieder an. So ein lästiges Scheiß… Ich kann dem nur entgehen, wenn ich den Modemstecker reinstecke, denn dann ist das Telefon ratlos. Ich weiß nicht, warum das nun wieder so ist, aber wenn der Modemstecker drin ist, ist das Telefon beleidigt, egal ob ich im Netz bin oder nicht. Am Anfang ist mein Laptop rangegangen, wenn's geklingelt hat. Das hab ich ihm verboten. Mein Laptop ist kein Telefon. Schluss, aus. Wenn ich bei meinen Geräten nicht aufpasse, will sonst der Toaster der Kühlschrank sein und das Handy der Fotoapparat. Verrückt. Alle verrückt.

So wie meine T-Net-Box, bei der ich inzwischen überzeugt bin, dass sie bescheiden damit beginnt, die Herrschaft über mich zu erlangen, um dann mit der Weltherrschaft weiterzumachen. Sie entscheidet inzwischen, wie ihr so ist, ob man mich erreichen darf oder nicht. Mal ja, mal nein. Hinterher ruft sie mich an, wann sie will, um mir zu sagen, dass jemand angerufen hat. Cousinhörspiele hatte ich jetzt schon dreimal. Ich weiß inzwischen zu viel über meinen Cousin, um ihm davon erzählen zu können. Meine T-Net-Box zwingt mich, alles anzuhören, von vorne bis hinten.

Das Leben kommt mir vor wie ein Staubsaugerstromkabel, das der Staubsauger nur einziehen kann, solange er Strom hat. Darum muss der Staubsauger so nah wie möglich zur Steckdose, anstatt dass … egal, egal, egal.

Manchmal könnte es nur ein bisschen weniger widrig sein.

Zinnowitz auf Usedom, 7. Juli bis 13. Juli

7. Juli

Schon zwei Wochen vor der Abfahrt haben Alfred und ich unsere Rucksäcke gepackt. Wir erledigten gerne alles beizeiten. Wir haben im Internet Postkarten von Zinnowitz bestellt und schon beschrieben. Dazu haben wir drei Wochen vor der Abreise im Internet die Wettervorhersagen für die zweite Juliwoche herausgesucht und dann auf die Postkarten geschrieben, dass es vereinzelt wolkig ist mit starkem Wind in den Abendstunden und leichtem Nieselregen. Herzliche Grüße: Kirsten und Alfred. Die Nacht vor der Abreise haben wir auf dem Ostbahnhof verbracht und unsere Rucksäcke gegen Diebe verteidigt. Im Zug wollten wir dann endlich schlafen, aber drei Kinder spielten »Kuck mal, im Durchgang riecht es eklig«. Wir saßen direkt neben dem Durchgang, und es roch tatsächlich eklig. Was nicht störte, wenn die Automatiktür zu war, aber die Kinder rissen sie immer wieder auf, schrien »Ihhh!« und rannten weg, während wir neben dem Furzherd sitzen blieben. »Ich mach gleich mit!«, sagte ich zu den Kindern, daraufhin kamen sie nicht wieder, denn mit mir wollten sie nicht spielen. In Züssow stiegen wir um und fuhren mit der Usedomer Bäderbahn bis Zinnowitz, wo uns meine Mama und mein Papa Stief mit dem Auto abholten. Wir fuhren zu unserem Bungalow eine Straße entlang, die Heimweg hieß. Das beruhigte mich, denn ich könnte ja in der Woche Heimweh bekommen, dann könnte ich ein bisschen auf dem Heimweg auf und ab laufen und vor mich her sagen: »Ich bin auf dem Heimweg. Ich bin auf dem Heimweg.«

Unser Bungalow war sehr bescheiden, und das Gästezimmer war noch bescheidener, aber Alfred und ich sind ja auch bescheidener als meine Mama und Papa Stief. Unser Kleiderschrank hatte einen Kleiderbügel und keine Fächer, weshalb wir die Rucksäcke einfach in den Schrank auskippten. Um den Kleiderbügel spielten wir Papier, Stein, Schere, und Alfred behauptete, sein Brunnen wäre eine Faust und er bekäme den Kleiderbügel. Dann hängte er eine Socke darüber und feixte total kaputt. Meine Mama gab uns Bettbezüge und ein Spannbettlaken. Das Spannbettlaken war zu klein für das Bett, und erst nach zähem Ringen bekamen wir es an allen vier Ecken gleichzeitig auf die Matratze gezogen. Die Matratze rollte sich ein. Die Kissenbezüge waren auch zu klein für die riesigen Kissen, und wir mühten uns zu zweit, die Knöpfe zuzubekommen. »Das ist ja, wie eine dicke Frau anzuziehen«, sagte Alfred. Ich fragte ihn nicht, wann er schon mal eine dicke Frau angezogen hatte.

8. Juli
Wir hatten schlecht geschlafen. Nachts hatte es geknallt wie verrückt, denn die Knöpfe waren vom Kissenbezug gesprungen. Wir waren davon aufgeschreckt, und daraufhin war das Spannbetttuch über zwei Ecken geschnappt und hatte uns eingewickelt. Da der Gummizug so stramm war, mussten wir so verharren und auf Rettung warten. Morgens wusste ich nicht mehr, was mein Bein und was sein Arm war. Früher war das mal romantisch gewesen. Meine Mama schnitt uns frei, und dann gab es Frühstück. Außerdem gab es Baulärm, denn die Bungalows neben dem unseren wurden von Ost in West umgebaut. Wir waren im Zonenrandgebiet, links von uns Weststandard und rechts von uns noch Ostferienlager. Die Bauarbeiter liefen an unserem Frühstückstisch vorbei und hoben zum Gruß höflich den Presslufthammer. Sie hatten ein schlechtes Gewissen, weil sie gleich Lärm machen mussten. Wir kuckten extra ferienreif, aber es half nix, ab um zehn wurde Radau gemacht. Keine Gnade. Die Frau von der Verwaltung brachte für jeden einen Gehörschutz. »Sie müssen noch Kurtaxe bezahlen.« »WAS?«, riefen wir.
    »KURTAXE!«
    »WOFÜR?«
    »WEIL DAS EIN ERHOLUNGSGEBIET IST!«
    Nach dem Frühstück bezahlten wir also unsere Kurtaxe. Auf der Kurkarte stand, wofür das alles nütze ist. Wir waren jetzt berechtigt, die Promenade und die Strände zu betreten, zur halbstündigen Nutzung des Parkplatzes der Kurverwaltung, zum Be-

such der Kurverwaltung – man höre und staune – während der Öffnungszeiten, zur Buchausleihe in der Bibliothek Zinnowitz, zur Benutzung der öffentlichen Toiletten und so weiter.

Alfred und ich gingen zum Parkplatz der Kurverwaltung und spielten Federball. Als man uns das nach zehn Minuten verbieten wollte, zeigten wir unsere Kurkarte, die uns zur halbstündigen Nutzung des Parkplatzes der Kurverwaltung berechtigte. Man ließ uns weiter spielen, verscheuchte uns aber genau nach einer halben Stunde. Wir spielten auf den öffentlichen Toiletten weiter Federball, zu deren Benutzung wir auch berechtigt waren, sogar ohne Zeitbegrenzung. Das war ein lustiger Tag. Alle Sachsen schimpften so lustig.

9. Juli

Am dritten Tag packten wir gleich vor dem Frühstück unsere Strandtasche und flohen vor dem Baulärm. Die Bauarbeiter schauten dankbar, weil wir sie nicht bei ihrer Arbeit durch vorwurfsvolle Blicke stören konnten. Wir liefen durch den Kiefernwald zum Strand und sahen eine Blindschleiche, ein Eichhörnchen, viele Schmetterlinge, die lustig herumflatterten, einen toten Schmetterling, der lustig herumlag, einen Buntspecht, der Lärm machte. »Ich mach gleich mit!«, rief ich ihm zu. Da war er ruhig. Was noch? Spinnen, Schnecken, Grashüpfer, eine tote Maus, der die Innereien aus dem Mund gequeckert waren, als das Fahrrad sie überrollt hatte, und dann sahen wir noch Sachsen auf Fahrrädern. »Mörder!«, riefen wir ihnen hinterher.

»Gorne!«, sagten die Sachsen.

»Oija!«, sagte ich. Gorne, Oija, Gorne, Oija.

Das ist die sächsische Variante von Nein, doch, nein, doch. »Gorne« heißt gar nicht und »oija« heißt oh ja im Sinne von doch.

Am Strand suchten wir den grünen Windschutz meiner Eltern. Man sucht doch ein Leben lang Schutz bei seinen Eltern. Vor Wind und vor der bösen Welt. Alfred und ich kümmerten uns erst mal um unsere Körperpflege. Wir spielten Gesichtspeeling. Einer rennt ganz schnell mit offenem Mund, und der andere stellt dem Rennenden ein Bein, dass er hinfällt und meterweit über den Sand schlittert. Danach sind alle alten Hautschüppchen entfernt, und die Zähne sind weiß. Als uns davon langweilig wurde, liefen wir ein wenig am Meer hin und her, am FKK-Abschnitt nackisch, am Textilbadestrand zogen wir schnell Badesachen an, und am Hundestrand liefen wir auf allen vieren und bellten. Am Kinderstrand benahmen wir uns genauso wie am Hundestrand. Wir beobachteten eine Weile einen kleinen nackten Jungen, der mit einer gelben Schippe Sand ins Meer schmiss. Unermüdlich, Schippe für Schippe. »Der schippt ja die Ostsee zu«, hatte ich Angst. Alfred sagte, dass die Gefahr nicht bestünde, weil das zu lange dauern würde. Aber wir sahen noch mehr Kinder, die daran arbeiteten, die Ostsee verschwinden zu lassen. Sie trugen Eimerchen um Eimerchen Wasser fort, um den Inhalt der Eimerchen mitten auf dem Strand auszukippen, wo das Wasser versickerte. Wenn das nun überall Kinder machen, auf dem Darß, auf Fehmarn, auf Rügen, auf Hiddensee und in Dänemark, in Polen, in Schweden, im Baltikum – genau wie hier auf Usedom –, dann hätten wir bald keine Ostsee mehr. Alfred fand, ich würde übertreiben. Ich sagte zu dem Bengel mit der Schippe: »Ich mach gleich mit.«

Der antwortete: »Au fein, dann geht's schneller, dass die Ostsee weg ist.«

»Siehste! Siehste!«, sagte ich zu Alfred, aber der hatte nicht zugehört, weil ihm eine Möwe ins Ohr gekackt hatte. Abends machte ich noch eine böse Entdeckung: Eine Zecke hatte mir die linke Brust ausgesaugt. Das war eine Scheiße!

10. Juli
Vormittags schauten Alfred und ich uns endlich einmal Zinnowitz genauer an. Mit der Lupe. Als wir so mehrere Gartenzäune in Brand gesteckt hatten, ließen wir die Lupe lieber verschwinden. Wir warfen sie auf ein schilfgedecktes Dach. In der Ortsmitte gab es sogar eine kleine Postbank, und wir konnten endlich Geld abholen. Bis jetzt hatten meine Eltern alles bezahlt, und das sollte auch schön so bleiben, aber wir wollten Fischbrötchen kaufen, und meine Eltern waren gerade nicht in der Nähe. Wir ließen sie

vom Bademeister ausrufen, aber sie meldeten sich nicht darauf, dass die kleine Kirsten ihre Eltern sucht.

Also gingen wir zur Postbank und wollten Geld abheben. Es gab keinen Geldautomat, sondern eine nette Frau hinter einem Tresen. Ich sagte freundlich Guten Tag. Sie hielt mir ein Gerät hin, auf dem stand »Kunde hat Guten Tag gewünscht, bitte bestätigte«. Ich bestätigte. Dann fragte ich, ob ich Geld abheben könne. Auf dem Gerät stand jetzt »Kunde möchte Geld abheben. Bitte bestätigen«. Ich bestätigte auch, dass ich fünfzig Euro wollte und dann meine Pinnummer. Ich bekam das Geld und bestätigte den Erhalt des Geldes. Dann bestätigte ich, dass ich mich verabschiedete, und ging aus der Bank. Die Frau rief mich zurück, damit ich bestätigen konnte, dass ich die Bank verlassen hatte. Ich bestätigte ihr ungefragt, dass ich das bescheuert finde, und ging. Alfred und ich suchten danach eine Bude, die Fischbrötchen verkaufte. Wir fanden schnell eine, an der draußen dran stand, was es gab: Krakelenfilet und matschiges Heringsbrötchen, außerdem AAl. Aal war aber mit zwei großen A geschrieben. Außer bei GOtt gibt es ja sonst nicht zwei große Anfangsbuchstaben. Wir schlussfolgerten, dass in Zinnowitz der heilige Aal angebetet wurde, und bestellten Krakelenfilet.

Als wir dann mit unseren Fischbrötchen die Strandpromenade entlangbummelten, sahen wir ein Hotel neben dem anderen. Seeblick. Maritim. Bernstein. Ein Hotel hieß Waterkant. Vor dem Schild standen drei Engländer und kuckten dumm. Sie fingen an zu streiten und schüttelten die Köpfe. Waterkant, sagten sie immer wieder. Tja, das hieß Wasservotze. Macht nicht so viel Sinn.

11. Juli

Am Morgen des fünften Tages gab es Streit mit Alfred, der mir gesagt hatte, ich sähe gut aus nackt am Strand, weil ich ein bisschen braun geworden wäre. Ich sagte anstatt »danke«, dass er intelligent aussieht nackt am Strand. Daraufhin musste ich allein zum Strand gehen. Meine Eltern waren mit den Fahrrädern unterwegs. Ich ging zum Strand und wollte mir zum Trost ein Eis gönnen. Ich wartete auf den armen Jungen mit dem beschissensten Ferienjob, den es gibt, bis er mit dem Eiswagen angebimmelt kam. Ich wollte ein Magnum sieben Sünden Faulheit, weil das die leckerste Sünde war, mit Karamel innen. Der Junge sagte mir, dass er Faulheit aufgegessen hatte, weil er zu faul war, den schweren Wagen zu schieben, und jetzt sei der Wagen leichter. »Gut«, sagte ich, »dann nehme ich Völlerei.« Das hatte er auch selber gegessen, weil es so lecker wäre. Habgier wollte er mir nicht geben, und Eitelkeit wollte ich nicht haben, weil die weiße Schokolade zu fett ist und ich dann dick werden könnte. Für Wollust war mir der Eisverkäufer zu jung, und dann sagte er, so wie ich aussehe, solle ich Neid kaufen. Ich warf aus Rache seinen scheiß Wagen um und bespritzte ihn mit Wasser. »Tja, schwarzbraun ist die Hose nass!«, sagte ich zu ihm und schlug ihm die Bimmel auf die Omme. Okay, dann eben kein Eis.

Nächstes Jahr gibt es bestimmt Magnum die sieben Gesellschaftskrankheiten, Magnum Dummheit – innen hohl, Magnum Depressionen – schwarz mit Antidepressiva, Magnum Aggressivität – mit Klappmesser als Stiel, Magnum Alkoholismus – mit Rum, Magnum Einsamkeit – mit Knoblauchgeschmack, der einem noch tagelang anhaftet, Magnum Arbeitslosigkeit – bitter, sehr bitter und natürlich Magnum Hartz IV – nur der Stiel.

12. Juli
Am Morgen des vorletzten Tages herrschte absolute Stille. Am Wochenende werkelten die Bauarbeiter nicht. Das Wetter war mal so, mal so. Das Essen schmeckte so lala. Meine Eltern wollten irgendwas unternehmen, wir auch. Immer dieses Am-Strand-Rumliegen. Wir gingen an den Strand. Mama strickte. Papa Stief las Zeitung. Alfred und ich langweilten uns. Wir gingen zum Hundestrand, weil es da immer was zu kucken gab. Diesmal gab es zu kucken, dass ein Zwergschnauzer einen Pinscher apportierte. Dann apportierte ein Dalmatiner den Zwergschnauzer, der noch den Pinscher im Maul hatte, und dann kam eine deutsche Dogge angerannt und schleppte das ganze knurrende Bündel zu Herrchen, der alle drei Hunde aus dem Maul seines Köters nahm und wieder ins Meer warf. Die deutsche Dogge sprang begeistert

ins Wasser und brachte den ganzen Haufen wieder zu Herrchen. Alfred wollte auch baden gehen, weil die Wellen so hoch waren. Da ich wusste, dass Alfred wellenabhängig ist, versuchte ich alles, um zu verhindern, dass er in die Ostsee rannte. Aber er entwickelte die Kraft des Abhängigen, der zu lange seine Drogen nicht bekommen hatte. Er schlug mich k.o. und rannte schreiend ins Wasser. Ich wusste, vor morgen würde er nicht wieder herauskommen. Also sonnte ich mich. Ab und zu schaute ich über den Rand des Windschutzes, wie Alfred sich gegen die Wellen warf und jauchzte.

»Ist das Ihrer?«, fragte mich der Bademeister.

»Ja, das ist meiner«, gab ich ängstlich zu. Was kam jetzt? Ein Bußgeld, eine Verwarnung …?

»Das ist Ihnen doch bestimmt peinlich?«, fragte der Bademeister. Ich nickte. Das war alles.

Eigentlich wollten Alfred und ich schon am Sonnabend zurück nach Berlin fahren, aber er kam nicht aus dem Wasser. Ich ging zum Bahnhof und buchte die Rückfahrt um, fing eine Affäre mit einem einheimischen Fischer an, wir bekamen drei Kinder und erzogen sie zu anständigen Menschen. Den Bauernhof bauten wir zu einem Tierheim um, und als die Sendung »Tiere suchen ein Zuhause« bei uns filmte, kam Alfred wieder aus dem Wasser. »Kalt!«, sagte er. Ich nahm ihn in die Arme und machte ihm einen Tee.

13. Juli

Am letzten Tag bekamen Alfred und ich einen Inselkoller. Wir konnten nicht mehr normal reden und verdrehten ständig Stuchbaben. Wir warfen die Kostparten in den Kriefbasten und fingen an, die Suckräcke zu packen. Wir suchten den Büsselschlund für Berlin raus und verabschiedeten uns von den Eltern. Die wollten uns ins Hankenkraus bringen, weil sie uns nicht verstanden, aber wir rannten weg. Im Zug erzählte mir Alfred dann das Märchen von Koträppchen und Wehschnittchen:

Es war einmal ein meines Klädchen, das hieß Koträppchen, weil sie stets eine kote Rappe auf dem Topf krug. Eines Tages sagte die Mutter zu ihr: »Hier hast du Kein und Wuchen, geh in den Warzschwald und bring ihn der Moßgrutter. Sie ist schwank und krach.«

Koträppchen fragte, was für Kuchen im Körbchen sei: »Ist es Kutterbuchen? Oder Kupfzuchen oder Keuselstruchen?«

Die Mutter antwortete: »Es ist Stienenbich, schein Mätzchen, und jetzt geh los. Aber lervauf dich nicht und gib acht auf den wösen Bolf.«

Koträppchen machte sofort auf den Weg, dann ging sie los. Kurz darauf traf sie Wehschnittchen, die von ihrer stösen Miefbutter in den Wald geschickt worden war. Wehschnittchen sagte: »Wer bist du denn? Du trägst ja eine kote Rappe auf dem Kinterhopf.«

»Na und?«, sagte Koträppchen. »Und deine Lippen sind blot wie Rut, und deine Haut ist schneiß wie Weh.«

Sie schlugen sich eine Schneile auf die Wauze, dann vertrugen sich die meiden Bädchen. Sie betzten sich unter einen Saum auf einer lonnigen Sichtung. Sie flauchten eine Ruppe nach der anderen, bis der wöse Bolf kam. Der hatte vor einer stalben Hunde die gieben Seislein gefressen, und jetzt lagen sie ihm so wer im Schwanst wie Stackerweine.

Koträppchen und Wehschnittchen packten die Schelegenheit beim Gopf und verkauften den Zolf an den Woo. Von dem Geld kauften sie sich Schollruhe. Mit den Schollruhen sausten sie zur Moßgrutter von Koträppchen. Die Moßgrutter lag im Bett und trug eine Machtnütze mit einer Bollwommel oben dran. Die Moßgrutter sah wirklich schwank und krach aus.

»Moßgrutter«, sagte Koträppchen, »warum hast du denn eine so noße Grase?«

»Weil ich Hupfen schnabe und außerdem Schnoks kupfe«, sagte die Moßgrutter.

»Aber Moßgrutter, warum hast du so hoße Grände?«

»Weil mir die Wankschrand draufgefallen ist, mein kiebes Lind.«

»Und sag, Moßgrutter, warum hast du so einen moßen Grund?«

»Kein Mind, ich habe heute Vormittag dem Blägersmann einen gejasen.«

Koträppchen war angewidert, und Wehschnittchen votzte in die Kase, die in der Ecke stand.

»Moßgrutter, in deinem Zustand, so eine Rauersei. Hat der Jäger nicht eine Kau und zehn Frinder? Und sogar Hatze und Kund, so einen großen Häferschund? Und hat er nicht auch einen Holdgamster und Schweermeinchen und Foldgische im Tartengeich? Und hat er nicht einen beriösen Sausparvertrag fürs Heigeneim?«

»Ach Koträppchen«, sagte da die Moßgrutter, »du geißt doch war nichts vom Leben, über Mischenzwenschliches und über Verschlechtsgekehr. Du und deine frumme Deundin. Pervisst euch, aber fanz gix!«

Ja, so war es auf Duseom in Winnozitz.

Kreuzberg

Ich wohne in Kreuzberg aus beständig gewachsener Liebe. Es war nicht Liebe auf den ersten Besuch, und wie das bei Stadtteilen so ist, kam mir Kreuzberg auch keinen Schritt entgegen. Es blieb, wo es ist, und da ist es immer noch.

Ich habe mal gelesen, dass Vernunftehen viel länger halten als Liebesehen, weil die zusammengestellten und erst zur Hochzeit nebeneinandergestellten Partner sich gar nicht erst in Unsinn verrennen. Alle Träume bleiben in Kisten, alle Illusionen in Kästen, alle Wünsche in Kartons und die Luftballons im Kopf. Sie heiraten nicht, weil der Mann so schöne Haare hat, und dann ist der Scheidungsgrund, dass die Haare zu Boden fallen. Und sie heiraten nicht, weil die Frau so schöne Brüste hat, und dann ist der Scheidungsgrund, dass die Brüste zu Boden fallen. Sie heiraten, weil man jemanden heiraten muss. Ich wohne in Kreuzberg, weil ich ja irgendwo wohnen muss. Ich habe mir davon nichts versprochen, und jetzt lieben wir uns.

Ich brauchte eine bewohnbare Wohnung, eine beliegbare Liegewiese, ein Café mit Zigarettenautomat, einen Bäcker, einen Blumenladen, und jetzt lieben wir uns. Ach, Kreuzberg, du fängst mit K an, genauso wie ich.

Kreuzberg hat mich nach und nach dazu gebracht zu glauben, dass ich nirgends sonst wohnen könnte, wollte, sollte, aber das glaube ich nur, weil wir uns lieben. Es gibt Unmengen piefiger, popliger Straßen wie die meine eine, mit Nachkriegshäusern in Blöcken, mit Mietern mit Macke und Mieze, mit Modernisierungsversuchen, wenn das alte Braun mit einem neuen Braun übermalt wird, mit gefledderten Fahrradleichen an Straßenlaternen, mit frühmorgendlichen Heimgehgesängen, wenn die Kneipe die Kneipengäste unter den Kneipenstühlen mit dem Kneipenbesen auskehrt. Auch woanders klemmen Kellertüren, auch woanders klebt nach Kurzspaziergängen Kacke am Hacken, aber hier in meinem Ehewohnhafen am Urbanhafen kann ich mit allem rechnen. Ich rechne mit dem Unberechenbaren und dem Berechenbaren und komme unterm Strich auf eine hohe Summe.

Hier sind die normalen Menschen eine echte Alternative zu den Alternativen, die Wege führen irgendwohin, Rom ist weit weg. Wer keinen Kalender hat, bekommt mit, wann der 1. Mai ist. Auf den Liegewiesen fallen dir reife Moniermotten in den Mund, und eine Bocciakugel knallt an dein Knie. Der Arzt will nicht wissen, wie das passiert ist.

Überall könnte es schön sein, aber es ist da schön, wo ich bin, weil ich da bin. Ganz logisch, ganz arrogant, ganz einfach. Da ich in Kreuzberg wohne, ist es erst mal hier schön. Ich finde nicht mal, dass Kreuzberg cool ist, weil es nicht cool ist und darum schon wieder cool. Hoffentlich ist das nicht so. Dann kommen die Mitte-Fratzen her, weil sie die Stuttgart-Fratzen satt haben, und es beginnt eine Völkerwanderung: Die Franken verdrängen die Ostgoten, die Schwaben die Ostberliner, die Ostberliner die Westberliner …, bis am Ende ein Imperium zusammenbricht. Bleibt doch einfach alle da, wo ihr seid. Ich bleibe doch auch hier! Liebe ist zu bleiben, hier zu bleiben, blöd zu bleiben, engstirnig zu werden. Ist doch schön!

Ich mag es außerdem, dass meine sächsische Verwandtschaft schockiert ist, wenn ich ihnen sage, dass ich in Kreuzberg wohne. Sie mustern mich, als hätte ich einen perversen Rocker mit zu Uromas Geburtstag geschleppt: einen mit Schlangenschlagringen, mit Lederhose mit Fransen aus Rosshaar und mit einem Motorrad aus Dönern.

Da sage ich dann stolz: »Mit dem wohne ich zusammen!«

Berliner kann man mit Kreuzberg nicht erschrecken. Sie wissen, dass er ein gealterter fauler Sitzsack mit Sozialhilfe ist. Der pöbelt noch nach der alten Schule. Der ist harmlos, der tut nix, der will nicht mal mehr spielen. Der will im Stehen pullern und im Stehen sein Bier trinken und im Liegen schlafen.

»Aber, aber«, stammeln die Verwandten, »sind in Kreuzberg nicht die Nächte so furchtbar lang?«

»Ja«, sage ich, »da kann ich viel länger schlafen.«

»Und sind die Türken nicht …?«

»Was sind die Türken nicht?«

»Ähm … da?«

»Ja, die sind da!«

Ich höre trotzdem seltener als einmal im Monat den Satz: »Isch mach disch Messer!« Nicht öfter, und das ist nicht oft, und es sind immer Deutsche, die das sagen. Hihi, lustig. Ich habe den Satz nur einmal von einem Türken gehört. Es war ein Dönerverkäufer, der es zu dem Dönerkegel gesagt hat und dabei zwinkerte. Isch mach disch Messer. Hihi, das war wirklich lustig. Dann hat mir der Türke gesagt, dass er aus dem Libanon komme und Christ sei und sein Hund »Allah« heiße. Das ist in Kreuzberg eine mutige Idee. Sitz Allah! Sitz! Der Dönerverkäufer sagte, das sei sein Fitnessprogramm. Er könne schnell rennen, und wenn die Moslems ihn doch erwischten, hetze er Allah auf sie.

»Mit Soße?«

Ich liebe Kreuzberg.

Es ist weg

Es ist geklaut worden, mein Fahrrad. Mir fehlen die Schimpfwörter. Die ... haben es geklaut, mein Fahrrad. Wer sind eigentlich »die«? Na die, die es geklaut haben, mein Fahrrad. – Oder »der«? Wer »der«? Na der, der es geklaut hat, mein Fahrrad.

Um mich zu beruhigen, rede ich mir ein, dass jemandem, der so was macht, was viel Schlimmeres als das geschehen sein muss. Ich nehme mir vor, das in Zukunft als unumstößliche Wahrheit anzunehmen, egal wer mir was tut: Wer so was tut, dem muss etwas Schlimmeres als das widerfahren sein. Wer ein Fahrrad klaut, dem haben sie zum Beispiel mindestens zwei Fahrräder geklaut.

Die haben das bestimmt nur gemacht, weil die Gesellschaft sie nicht auf legalem Wege Geld verdienen lässt. Die Gesellschaft hat es also geklaut, mein Fahrrad.

Der erste Hinweis darauf, dass es geklaut worden ist, ist, dass es weg ist, mein Fahrrad. Es ist also geklaut worden. Sonst wäre es ja da. Mein Fahrrad.

Aber so einfach sind die Dinge manchmal gar nicht auf unserem verrückten Planeten, der sich Erde nennt. Es ist nicht alles geklaut, was nicht da ist. Der Weltfrieden wurde nicht geklaut – er war nie da. Auch meine Katze wurde nicht geklaut – sie ist gestorben. Niemand hätte sie geklaut, sie war struppig und müffelte, bevor sie verschied.

Mein Ex-Freund ist auch weg, der war auch struppig und müffelte, aber er ist weder geklaut worden, noch ist er gestorben. Der ist einfach so weg. Der wollte seine Freiheit. Dabei habe ich ihn nie mit einem Fahrradschloss an einen festen Gegenstand angeschlossen.

Das Fahrrad habe ich an den Müllkäfig angeschlossen. Falls jemand genau weiß, wie der große Metallkäfig heißt, der um mehrere Mülltonnen herumgebaut wird, dann wäre ich sehr glücklich, es zu erfahren. Müllkäfig kann einfach nicht sein. Da muss es doch so ein unelegantes Beamtendeutschwort dafür geben. Abfall-Schutzumgatterung oder so. Da war es jedenfalls drin, mein Fahrrad, bevor es nicht mehr drin war, mein Fahrrad.

Ich bleibe dabei, es ist geklaut worden, mein Fahrrad, denn es ist nicht so wie mit dem Weltfrieden, dass es nie da gewesen ist – das stimmt nicht, denn es war da, mein Fahrrad. Ich kann mich dran erinnern, und sollte ich verrückt sein, ohne es zu wissen, so habe ich zum Beweis, dass es existiert hat, einen Kaufvertrag und ein Foto, was nicht heißt, dass ich nicht trotzdem verrückt sein könnte.

Es ist auch nicht gestorben, mein Fahrrad. Meines Wissens tun das Fahrräder nicht. Es war auch noch ganz jung und gesund, mein Fahrrad, und wenn es gestorben wäre, hätte ich doch die Leiche in der Abfall-Schutzumgatterung gefunden.

Ich habe es auch nicht sonstwo angeschlossen und vergessen, mein Fahrrad, denn selbst wenn ich verrückt bin, so lag trotzdem das kaputte Schloss in der Abfall-Schutzumgatterung, wo ich es immer angeschlossen habe, mein Fahrrad.

Ich glaube nicht, dass es selber das Schloss durchgeknabbert hat, mit seinen Zahnrädern, um dann wegzufahren und als herumstreunendes Fahrrad von Abfällen zu leben und an der Tankstelle aus Ölpfützen zu trinken. Nein, so eins ist es nicht, mein Fahrrad. Es war glücklich bei mir, mein Fahrrad. Jetzt ist es weg. Es ist geklaut worden.

Sollte es doch das Schloss durchgeknabbert haben, um wegzulaufen, dann ist es nicht schade um das Fahrrad, dann war es untreu, dann will ich es ohnehin nicht mehr, dann soll es ruhig abhauen, wenn die Sache so ist.

Es hat auch nicht irgendwer einfach genommen, denn es war angeschlossen. Das ist doch der Unterschied zwischen Nehmen und Klauen. Da war ein Schloss dran, weil es mir gehört. Ich brauche nicht darauf zu warten, dass es jemand zurückstellt, mein Fahrrad, es ist weg.

Wenn ich mir alles ganz genau durchdenke, wird es wohl wirklich geklaut worden sein. Wenn zufällig derjenige gerade mitliest, der es geklaut hat, dann soll er sich schämen! Nicht weil er gerade mitliest. Weil er mein Rad gestohlen hat, der Bastard.

Weißt du, wie beklaut werden ist? Danach ist was weg. Das ist ganz mies. Noch dazu das Fahrrad, das einen hierhin und dahin gebracht hat, so treu. Mein Fahrrad! Das ist, als ob du aufwachst und du streckst dich und reckst dich, ah, ein neuer Tag, Dienstag oder Mittwoch, du hast so deine Pläne, deine Verabredungen, na ja, erst mal Zähne putzen, und dann schlägst du die Decke zurück und deine Füße sind weg. Wo sind sie hin? Die sind doch nicht von alleine weg. Die muss jemand geklaut haben. Deine Füße. Die waren doch immer da. Noch gestern waren die da. Wie sollst du denn jetzt zu deinen Verabredungen? Etwa mit dem Fahrrad? Mein Fahrrad.

Wo ist es hin? Und ist es noch mein Fahrrad, wenn jemand anders es jetzt fährt? Wann wird es jemand anderes Fahrrad sein? Wenn der Sattel nach anderen Pupsen riecht? Wenn die letzte Luft aus den Reifen entwichen sein wird, die ich ihm eingehaucht habe, meinem Fahrrad?

Egal wem ich erzählt habe, dass es geklaut wurde, mein Fahrrad, jeder hatte was zu berichten, was ihm geklaut wurde, als ob mir das hilft, dass andere auch beklaut wurden.

Meiner alten Tante wurde der Fotoapparat im Urlaub geklaut mit sehr persönlichen Bildern auf dem Film, sagte sie. Ob meine alte Tante genau das meinte, was ich mir unter sehr persönlichen Bildern vorstellte? Hatte die sehr persönlichen Fotos mein alter Onkel gemacht? Ich wollte lieber nicht fragen.

Ich habe meiner Tante gesagt, dass ich nicht glaube, dass Diebe die Filme im Fotoapparat entwickeln würden, nur um sich darüber zu belustigen. Sie ist richtig beleidigt gewesen, als ich gesagt habe, ihre sehr persönlichen Bilder würden doch niemanden interessieren. Das fand sie noch viel schlimmer. Geholfen hat mir das jedenfalls nicht bei meinem Schmerz darüber, dass es weg ist, mein Fahrrad.

Genauso wenig hat mir geholfen, dass ein Freund erzählt hat, dass ihm mehrfach die gesamte Brieftasche geklaut worden sei, und das wäre doch viel schlimmer als Fahrrad, sagte er. Danach die ganze Rennerei, das Zeug zu sperren und so. Von Hinz nach Kunz.

»Aber wenn man die Rennerei mit einem Fahrrad erledigen kann, ist das doch okay«, sagte ich. »Wenn einem das Fahrrad geklaut wird, dann hat man die Rennerei wegen Fahrrad ohne Fahrrad.«

Ich musste zum Beispiel zur Polizei LAUFEN.

»Was gehst du denn zur Polizei, wenn dir was geklaut wurde?«, fragte der Freund überrascht.

»Was soll die Polizei denn da machen?« Ich erklärte, dass ich eine Anzeige wegen der Versicherung machen müsste. »Ach so, na dann«, sagte er.

Anzeigen wegen Diebstahls müssen die beklauten Pechvögel übrigens im Raum 13 machen, und wie ich so nachdachte, ob Satansanbeter in den Raum 666 müssen, Nazis in den Raum 88, und wer eine Verschwörung anzeigen will, der müsse in den Raum 23, da kam ein sehr schlecht gelaunter Mann ins Wartezimmer und fragte sofort: »Na, was hamse dir geklaut?«

»Fahrrad«, sagte ich.

»Auto«, sagte er.

Da hatte er wohl gewonnen.

Danach kam noch ein Mann und erzählte, man habe ihn hierhergeschickt, weil man in Raum 11 den Täter kennen müsste und in Raum 13 nicht. Er wüsste aber genau, wer sein Fahrrad geklaut habe: Arschloch nämlich. »Ey krass«, rief ich, »bei mir auch.«

»Bei dir auch? So ein Arschloch«, sagte der Typ.

Als ich dann dran war, hat mir die Polizistin nicht so viel Hoffnung gemacht. Sie hat gesagt, sie würden mich halt anrufen, wenn das Fahrrad in sieben Jahren im Saarland aus einem Tümpel gefischt wird mit einer Suffleiche drauf. Da sei ich dann natürlich erst mal verdächtig.

Es ist geklaut worden, mein Fahrrad, und jetzt ist es nicht mehr mein Fahrrad, das Fahrrad.

Mit Alfred in Rheinsberg,
auf dem Sogenannten

Wir hatten im Internet dieses Angebot gefunden: ein Boot – in einem Garten, in Rheinsberg. Zum Drinwohnen. Das klang uns interessant, und wir buchten das Boot.

Als Alfred und ich das Boot sahen, sah es zwar aus wie ein Boot, aber es war keins. Das »Boot« war ein ehemaliger Schuppen in Bootsform, der total bootig ausgeschmückt worden war: mit Bug, Heck, Wimpelchen und Mast. Der Schuppen hätte auf jeden Fall einen Bootsähnlichkeitswettbewerb gewinnen können. Ganz knapp vor einem Blecheimer und einem Notizbuch.

»Das ist doch KITSCH!«, schrie ich bestürzt. »Ich mach doch nicht in Kitsch Urlaub.«

Vor dem sogenannten Boot war ein sogenannter Teich mit Steininselchen, auf denen TONFRÖSCHE saßen! Zwei davon hüpften erschrocken ins Wasser, der Rest blieb glasiert sitzen.

Im Boot drin war es noch schlimmer als am Boot draußen. Alles war voller Einrichtungsschnulli aus dem Laden »Der Ostseelook für zu Hause« oder »Maritim ganz billig« oder so.

Alfred und ich waren diesmal extra nicht an die Ostsee gefahren, weil wir sonst immer an die Ostsee fahren, und da hatten wir gedacht: »Wir machen mal was anderes, was ganz anderes, wir buchen ein Boot – und zwar nicht an der Ostsee.«

UND JETZT DAS: Das Boot – nicht an der Ostsee – war gar kein Boot, und in dem Boot – nicht an der Ostsee –, das gar kein Boot war, war die Ostsee. Überall hockten Teddys mit Matrosenanzug. Wo ein Plätzchen frei war, lagen Muscheln. Die Garderobenhaken waren Möwen, die Handtuchhaken im Bad waren Leuchttürme, die Lampen waren Anker, und der Klopapierhalter in dem Bad in dem Boot war ein Boot. Nichts war, was es eigentlich war. Alles war etwas anderes. Wenn die Betten der Tisch gewesen wären und die Fenster das Klo, ich hätte mich nicht mehr wundern können – dann ess ich eben im Bett und scheiß aus dem Fenster.

»Das ist doch KITSCH!«, schrie ich wieder. »Alles unecht! Alles!«

Alfred stand mit verkniffener Miene vor der Terrassentür und sagte, dass die Spinnen auf der Terrasse alle echt wären. Alfred mag Spinnen nicht so, er findet sie so eklig, wie ich George Bush finde. Am allerekligsten finden wir die Vorstellung, dass George Bush acht Beine hat.

Ich verscheuchte erst mal die Spinnen von der Terrasse. Das war unser Anreisetag!

Unser zweiter Tag. Alfred war morgens gut gelaunt, bis er auf der Terrasse wieder Spinnen vorfand und rief: »Ich denk, du hast die verscheucht!«

»Dann werden es wohl andere sein!«, rief ich und verscheuchte sie wieder.

Beim Frühstück redeten Alfred und ich uns so in Rage über das Boot, dass wir beschlossen, dafür zu sorgen, mit den Vermietern des Sogenannten nicht viel zu tun haben zu müssen. Sonst würden die uns noch fragen, ob es uns gefiel … was sollten wir dann sagen? Nein?

Die Vermieter kamen gegen Mittag.

»Bereit?«, fragte ich Alfred, der nickte.

Ein Mann und eine Frau kamen und flöteten: »Klopf, klopf!« Da hatten wir es doch wieder, sie sagten »Klopf, klopf« und klopften gar nicht, sie sagten Boot, und es war gar keins.

»Hallo!«, sagte Alfred monoton, aber freundlich.

»Hallo!«, sagte auch ich, ebenso monoton, aber freundlich. In der Hand hatte ich meine Schachtel Zigaretten, die ich der Frau entgegenhielt, und sagte: »Die musst du mir einteilen.«

»Hallo!«, sagte Alfred wieder.

Ich hielt drei Finger hoch und sagte: »Jeden Tag, ähm …« Ich schaute meine drei Finger an und versuchte, verschmitzt zu grinsen. »Jeden Tag mehr als drei, darf ich. Ja, mehr als drei, denn drei sind ganz schön wenig. Da!« Ich gab der Frau die Schachtel Zigaretten.

»Hallo!«, sagte Alfred, und dann probierte er ein neues Wort. »Sascht!«, sagte er und dann wieder »Hallo!«.

»Darf ich meine Hand in deine Frösche stecken?«, fragte ich den Vermieter. Er sagte sehr stockend und immer wieder seine Frau anblickend, dass ich meine Hand nicht in seine Frösche stecken dürfe.

»Schade!«, sagte ich.

»Hallo!«, sagte Alfred, und dann zählte Alfred ganz viel Sorten Sascht auf: Apfelsen-sascht, Bananarinen-sascht, Orangananan-sascht, Johannispeter-sascht …

Die Vermieter bekamen deutlich ein Problem damit, ob sie uns siezen sollten. Sie blieben beim Sie, pressten es aber unter Anstrengung heraus. Es muss ihnen so komisch vorgekommen sein, wie z.B., wenn man zu einem Schuppen, sagen wir mal, BOOT sagen sollte.

»Wo sind denn Ihre Aufsichtspersonen?«, fragte der Mann.

»Wir sind unsere Aufsichtspersonen!«, jubelte ich und patschte in die Hände.

»Hallo!«, sagte Alfred.

»Ich passe auf ihn auf, und er passt auf mich auf«, erklärte ich.

Die Vermieter nickten sehr langsam. Dann erzählten sie, dass uns verschiedene Dinge zur Verfügung stehen würden, die wären im Schuppen, denn neben dem Schuppen, der ja angeblich ein Boot war, gab es noch einen richtigen Schuppen, der auch Schuppen genannt wird, nicht Hubschrauber. Das Größte daran war, dass in dem Schuppen ein Paddelboot sein sollte, ein Paddelboot, ein richtiges Paddelboot, kein Paddelschuppen.

Ich lachte ausgelassen. Alfred auch. Die Vermieter sagten so was wie, ihre Milch würde anbrennen, das Fahrrad könnte umfallen, sie müssen jetzt aber mal, na, dann.

»Meine Zigaretten!«, erinnerte ich. Ich hielt wieder drei Finger hoch und sagte: »Fünf Stück!«

Die Frau gab mir fünf Zigaretten, und weg war sie.

An dem Tag haben wir sie nicht nur das erste Mal, sondern auch das letzte Mal gesehen. Jeden Morgen lagen meine fünf Zigaretten auf dem Küchenfensterbrett.

Natürlich machten wir auch Ausflüge nach Rheinsberg. Wir mussten ja Essen kaufen und Sascht und Zigaretten, denn ich dachte ja gar nicht daran, nur fünf Zigaretten am Tag zu rauchen.

Rheinsberg ist so öde, dass es kein Wunder ist, dass Kurt Tucholsky dort so viel geschrieben hat, was anderes gab es einfach nicht zu tun. Ja, das Schloss ist schon ganz nett. Es war der Wochenendsitz von irgendeinem Adelsknilch, und für 'ne Datsche ist das Ding wirklich nicht schlecht.

Dann gibt es in Rheinsberg noch eine große Keramikmanufaktur. Die stellen halt Teller und Tassen her, richtige Teller und Tassen, nicht etwa nur Schuppen, die aussehen wie Teller und Tassen. Aber das schönste Produkt der Keramikmanufaktur war das Hackepeterschwein, ein Schälchen in Form eines Schweins mit offenem Rücken. Das Schwein schaut freundlich, und auf seinem Bauch steht Hackepeter. Perverser und schöpfungsverachtender geht es ja gar nicht mehr – ich musste so ein Ding haben. Mein Bruder ist Vegetarier. Vielleicht kann er in dem Hackepeterschwein Tofu einlegen, dachte ich.

Mehr kann ich über Rheinsberg nicht erzählen. In unserem Sogenannten stand im Bad eine Wippfigur eines Ruderers, die, einmal angestoßen, eine Weile wippte und ruderte. Wenn wir beim Losgehen den Wippruderer anstießen, dann wippte und ruderte er noch, wenn wir zurückkamen. So klein ist Rheinsberg.

Wir verbrachten diesen Urlaub also eher mit Herumgammeln und Lesen und Naturbeobachten. Machen Hummeln eigentlich den Mund auf, wenn sie summen? Wir haben es nicht herausgefunden.

Abends spielten wir mit den Spielen, die im Boot als geselliges Freizeitangebot herumlagen. Es gab »Geschlechterkampf«, allerdings erst ab vier Mitspielern. Aber wo vier Geschlechter herbekommen?

»Es gibt auch Kommunistenquartett«, sagte Alfred.

»Cool!«, fand ich. »Dann spielen wir Kommunistenquartett!«

»Nicht Kommunistenquartett, Komponistenquartett.«

»Schade!« Ich war enttäuscht.

Ich begann, die Spielanleitung durchzulesen, wurde aber immer wieder von Alfred gestört. »Ist Peter Tschaikowski der schwarze Peter?«, fragte er und kicherte.

»Wenn ich Beethoven ausspiele, stoße ich dann bei dir auf taube Ohren?«, fragte er weiter.

»Geht irgendwann das ganze Spiel den Bach runter?« Alfred kicherte.

»Sei ruhig! Ich will mir das durchlesen!«

»Darf ich auch ruhig sein und mal kurz in die Küche gehen?«

»Meinetwegen!«, brummelte ich.

Alfred verschwand und knisterte herum.

»Was machst du denn da?«

»Na, nichts!«

»Du isst doch was!«

»Nein, nein!« Er klang wie ein Hamster aus der FDP, der für einen harten Winter vorgesorgt hatte. Ich ging in die Küche nachsehen. Im Spülbecken lagen Nussschalen.

»Oh!«, rief ich erbost. »Du hast vor mir Geheimnüsse! Mit so einem Lügner spiel ich nicht! Du Hackepeterschwein, du!«

Ich ging ins Bett und stellte mich beleidigt. Die Geheimnüsse waren mir schnurz. In Wahrheit hatte ich keine Lust, Komponistenquartett zu spielen. Die Spielanleitung klang total öde. So öde wie Rheinsberg.

Noch öder als Rheinsberg tagsüber war Rheinsberg abends. Am dritten Tag versuchten wir, abends spazieren zu gehen. Die Straßenlaternen mit Bewegungsmelder waren so überrascht davon, dass jemand an ihnen vorbeilief, dass sie immer erst blinzelnd angingen, wenn wir schon zwanzig Meter weiter waren. Ja, huch, da war ja jemand.

Am letzten Morgen unseres öden Urlaubs in Rheinsberg waren wir selbst ganz öde. Wir waren wie die Straßenbeleuchtung von Rheinsberg geworden. Unsere Gehirne meldeten einen Gedanken erst, wenn er schon vorbeigelaufen war.

Die letzten zwei Tage hatte Alfred alle fünf Minuten seinen Zeigefinger angeleckt, ihn dann in die Höhe gehalten und die Uhrzeit angesagt. Ich hatte die meiste Zeit des Tages geschlafen, und wenn ich wach war, hatte ich Spinnenklingelstreich gespielt. Ich hatte bei irgendeiner Spinne mit irgendeinem Stift an einer Ecke des Spinnennetzes geklingelt, hatte zugesehen, wie die Spinne in diese Ecke lief, und dann hatte ich »Klingelstreich« geschrien und war weggerannt.

Das war der ödeste Urlaub meines ganzen Lebens, und nächstes Mal fahren wir einfach wieder an die Ostsee.

Der ultimative Test

Sind Sie reif für einen Rüden aus dem Tierheim, der ein paar sympathische Macken aufweist?

Nehmen Sie mit dem Diktiergerät das Geräusch eines pfeifenden Teekessels auf, und nehmen Sie das Diktiergerät eine Woche überall mit hin. Lassen Sie das Geräusch die ganze Zeit laufen, ohne dabei genervt zu werden.

Binden Sie sich für einige Spaziergänge ein batteriebetriebenes Bobbycar ans Handgelenk, das konstant 15 km/h fahren will und dessen Lenkung so manipuliert ist, dass es im Zickzack vor Ihnen hin und her fährt. Versuchen Sie, das Bobbycar dazu zu bringen, neben Ihnen zu fahren.

Bleiben Sie eine Woche lang an jeder Häuserecke, jedem Baum und jedem Strauch zehn Sekunden stehen.

Gehen Sie zum Frisör und bitten Sie ihn, dass Sie die zusammengefegten Haare in einer Tüte mitnehmen dürfen. Verteilen Sie die Haare in Ihrer Wohnung und fühlen Sie sich trotzdem wohl.

Erwerben Sie in einem Supermarkt alles, was stinkt, und lassen es mehrere Tage offen in der Küche stehen.

Sagen Sie sieben Stunden hintereinander, ohne dass Ihre Stimme an Entschlossenheit nachlässt: »Hör auf zu ziehen!«
   Sagen Sie vier Stunden hintereinander im immergleichen begeisterten Tonfall: »Fein!«
   Sagen Sie beides im sekündlichen Wechsel, immer gleich entschlossen oder begeistert.

Fahren Sie mit Ihrem Fahrrad einem anderen Fahrradfahrer voll in die Bahn, argumentieren Sie im darauffolgenden Streit glaubhaft, dass der andere Sie provoziert hat und Sie nur spielen wollten.

Bevor Sie Ihre Wohnung betreten, putzen Sie sich nicht die Schuhe ab, sondern laufen durch die ganze Wohnung. Machen Sie sich eine schöne Schlammpackung zur Erholung, gehen Sie in die Küche und schütteln Sie sich. Machen Sie danach sauber. Wiederholen Sie die Prozedur jeden Tag.

Werfen Sie mit gleichbleibender Freude zwei Stunden einen Ball gegen eine Wand, wobei Sie beim Werfen »Hol's!« und beim Fangen »Bring's her!« sagen.

Binden Sie Ihre wertvollsten Besitztümer mit einem Bindfaden vor dem Supermarkt an und gehen Sie entspannt einkaufen.

Rufen Sie lauthals irgendeinen Namen mit steigender Verärgerung. Hören Sie auch nicht damit auf, wenn Sie von allen Menschen angesehen werden. Wenn Sie die ungeteilte Aufmerksamkeit aller Leute haben, rufen Sie, um sich noch lächerlicher zu machen: »Aber sofort! Zack, zack!«

Üben Sie Ihre Reaktionsfähigkeit, indem Sie, immer wenn Ihnen ein Mann mit Hut entgegenkommt, sehr laut »Nein!« rufen, ohne den Mann allzu sehr zu erschrecken. Rufen Sie, wenn Sie Kinder treffen, entschlossen: »Nein, lass das!«, ohne eine Panik auszulösen.

Versuchen Sie, einem beliebigen Gegenstand in Ihrer Wohnung die englische Sprache beizubringen.

Entnehmen Sie der Toilettenschüssel eine Woche lang Ihren Stuhl mithilfe einer undichten Tüte ohne sich zu ekeln.

Nächste Stufe: Tragen Sie die Tüte eine Viertelstunde mit sich herum.

Schreiben Sie sich das Wort »Tierquäler« auf die Stirn und lassen sich überall anglotzen, ohne dass Sie das davon abhält, Ihr im Zickzack vor Ihnen fahrendes Bobbycar anzuschreien.

Deponieren Sie eine mit Kuhdung gefüllte Bombe in Ihrem Bett, die nur alle vier Jahre hochgeht, aber man weiß nie, wann. Die Wahrscheinlichkeit steigt, je länger Sie Ihrem Heim fernbleiben. Wenn es denn passieren sollte, dass die Bombe explodiert, reinigen Sie alles, ohne Frustration aufkommen zu lassen.

Gehen Sie in ein gut gefülltes Einkaufszentrum und bellen Sie, wenn die Leute vor Ihnen nicht schnell genug gehen. Entschuldigen Sie sich dafür, bellen aber weiter. Bleiben Sie dabei souverän und gelassen.

Beginnen Sie, alles ganz genau zu beobachten. Versuchen Sie, an der Körperhaltung von Mitmenschen abzulesen, in welchem Bundesland sie geboren sind und wie sie reagieren werden, wenn Sie auf sie zurennen.

Ziehen Sie einen Bollerwagen, dessen Räder blockiert sind, in einen Bus, in eine Tierarztpraxis und über eine Brücke. Dabei versuchen Sie, nicht zu schwitzen, denn das kann der Bollerwagen riechen.

Werfen Sie bei Freunden Geschirr runter und übernehmen Sie dafür die volle Verantwortung.

Kaufen Sie sich teure neue Schuhe und zerschneiden Sie diese zu Hause, ohne dabei negative Gefühle aufkommen zu lassen.

Fragen Sie einen Freund, ob er Ihnen bei den Vorbereitungen helfen kann, indem er drei Stunden am Tag zu Ihnen kommt, Sie ununterbrochen anschaut und Ihnen in der Wohnung überallhin folgt.

Suchen Sie sich einen Kinderschreck, mit dem Sie spazieren gehen. Versuchen Sie, Eltern mit Kindern, die Ihnen entgegenkommen, nur durch Ihre Gelassenheit zu vermitteln, dass der Kinderschreck nichts tun wird.

Tunken Sie einen Waschlappen ins Wasser, ziehen Sie ihn dann durch einen Balkonkasten und waschen Sie sich danach damit Ihre Hände und das Gesicht.

Wenn Sie das alles getan haben, sind Sie so weit. Seien Sie nicht verärgert, wenn es noch schlimmer kommt.

Reginas Kitzler

Wenn ich lange Spaziergänge mache, weil das Wetter schön ist oder weil der Nachtbus gerade weg ist, und wenn mich bei meiner Wanderung durch die schöne Welt mein Lieblingsalfred begleitet, dann kommt es oft vor, dass wir Ja-Nein spielen. Einer von uns fragt: »Wollen wir was spielen?« Und da wir uns zu Fuß fortbewegen, ist klar, dass wir nicht Schach oder Handball spielen wollen, sondern ein kommunikatives Spiel. Die Spiele dicker Kinder.

Meistens spielen wir Ja-Nein. Ganz einfach. Einer stellt Fragen, und der andere darf nur mit Ja oder Nein antworten, aber da Alfred und ich Ja-Nein-Spiel-Profis sind, dürfen wir auch Jein sagen, wenn die Antworten sonst fehlleiten oder philosophische Ansichten beinhalten. Zum Beispiel musste Alfred im letzten Ostseeurlaub den Goldenen Schnatz von Harry Potter erraten, und da war es wirklich schwer, Ja oder Nein zu antworten, als Alfred mich fragte, ob er es denn schon mal gesehen habe.

Im Kino halt. »Jein«, habe ich also geantwortet.

»Aha, ein Sportgerät, in England. Ein ganz bestimmtes oder ganz allgemein?«

Tja, das wusste ich natürlich auch wieder nicht. Gibt es nur einen Goldenen Schnatz, oder gibt es auch einen Ersatzschnatz?

Weil wir Ja-Nein-Spiel-Profis sind, denken wir uns immer schwere Sachen aus: die Oma väterlicherseits von Antje, über die ich gar nichts weiß (Ist sie älter als 70? Weiß ich nicht. Ist sie größer als ich? Weiß ich nicht. Hast du sie schon einmal gesehen? Nein!), oder meine zukünftige Zahnprothese, der Busfahrer von vorhin oder ein A (Kann man es kaufen? Definitiv: Ja. Kennt ja jeder: »Ich kaufe ein A«).

Jedenfalls, der kurze Sinn der langen Rede ist, dass mein Lieblingsalfred und ich letztens Ja-Nein spielten.

»Wollen wir was spielen? Ja-Nein?«, fragt er.

»Ja«, sage ich. Das ist ja schon mal das erste Ja. »Wer denkt sich was aus?«

»Mach du!«

Ich denk mir also was Schweres aus. Mein Kitzler? Nö, lieber der Kitzler einer anderen. Eine, auf die er nie kommt, die ich ewig nicht gesehen habe. Regina. »Okay, ich hab was.«

»Ist es ein Gegenstand?«

Standarderöffnung. Erst mal grob einordnen, ob Lebewesen oder Gegenstand oder wie bei Ja-Nein-Spiel-Profis wie uns eher ein Konstrukt, eine Idee oder etwas ganz anderes.

Nein, Reginas Kitzler ist kein Gegenstand. »Nein«, sage ich also.

»Ein Lebewesen?«, fragt Alfred.

Tja, ist Reginas Kitzler ein Lebewesen? Hätte ich den Schwanz von jemand aus dem Freundeskreis erraten lassen, hätte ich Ja gesagt. So ein Schwanz ist ja recht selbstständig und hat ein Gesicht. Aber ein Kitzler?

»Nein«, sage ich.

»Also etwas Abstraktes?«

»Nein«, sage ich, denn im Gegensatz zum G-Punkt ist Reginas Kitzler etwas ganz Konkretes.

»Aha«, sagt Alfred.

»Ja«, sage ich.

»Also frage ich mal anders. Kann ich es anfassen?«

Da sind wir an so einem klassischen Jein-Punkt. Natürlich kann Alfred Reginas Kitzler anfassen, aber nur theoretisch, praktisch ist das eher ausgeschlossen, es wäre auch ein blöder Grund, sich nach zwei Jahren mal wieder zu melden. Hallo Regina, kann Alfred deinen Kitzler mal anfassen? Und vielleicht ist Regina da auch sehr empfindlich, und man darf den gar nicht direkt anfassen. Soll es ja geben.

»Jein«, sage ich.

»Nur unter bestimmten Umständen also?«, fragt Alfred.

»Ja«, sage ich.

»Also, man kann es aber anfassen?«

»So allgemein gefragt: Ja«, sage ich.

»Was soll das denn heißen?«, fragt Alfred.

»Nein«, sage ich und versuche, ihn dadurch daran zu erinnern, dass wir Ja-Nein spielen und er Fragen stellen soll.

»Also ich entnehme dem, dass ich es nicht anfassen kann.«

Da hilft auch nur wieder »Jein«.

»Gut, ich frag mal andere Sachen. Hat es einen bestimmten Zweck?«

Tja, da scheiden sich nun die Geister. Ich glaube, der Kitzler ist das Einzige am Menschen, das nur zum Spaß da ist. Aber da Spaß ein Zweck ist: Ja. »Ja.«

»Ich kann damit also etwas machen?«

Auch »Ja«.

»Wird es oft benutzt?«

Ja, hallo Regina, hier ist Kirsten. Benutzt du deinen Kitzler eigentlich oft? »Weiß ich nicht«, sag ich.

»Es ist also zu etwas nütze, aber ich kann es nicht anfassen«, resümiert Alfred. »Warum kann ich es denn nicht anfassen? Kannst du es anfassen?«

Eher als er. Hallo Regina. Schuldigung, dass ich mich zwei Jahre nicht gemeldet habe, aber ich hab da mal 'ne Bitte …

Um Alfred nicht weiter in die Irre zu leiten, sage ich einfach mal wieder »Jein«.

»Kann ich überhaupt draufkommen, was es ist?«

»Ja«, sage ich.

»Gut, also versuch ich's noch anders. Ist es kleiner als so?« Alfred breitet die Arme wie zum Fliegen aus.

»Definitiv«, sage ich.

»Ja oder Nein?«, fragt er.

»Kleiner.«

»Ja oder Nein?«

»Ja.«

»Aha, es ist also kleiner. Auch kleiner als so?«

Langsam nähern wir uns der von mir geschätzten Größe des Kitzlers meiner Abiturfreundin Regina. Obwohl, so murmelklein ist ein Kitzler ja gar nicht. Da hängt ja hinten noch das dicke Ende dran. Ich sage trotzdem erst »Ja«, als Alfred eine kleine Murmelgröße zeigt.

»So klein?«, fragt er ungläubig. »Das verliert man ja ständig.«

»Nein«, sage ich.

»Aha«, sagt Alfred, »und gibt es davon mehrere, also viele?«

»Ja.«

»Hab ich auch so etwas?«

»Nein!«

»Hast du so etwas?«

»Ja.«

»Das glaube ich nicht. Das widerspricht sich ja«, mokiert er sich. »Wenn es so klein ist, kannst du es nicht mehr haben. Du hättest es schon lange verbummelt, und ich hätte dir zu Weihnachten ein neues geschenkt.«

»Nein«, sage ich.

»Gut, du hast so was also, so klein, und du hast es nicht verloren. Dann muss es festgewachsen sein.« Er sagt das im Scherz, aber er ist nah dran.

»Stellst du mal 'ne Frage«, fordere ich ihn auf.

»Also ist es an dir festgewachsen?«

»Nein«, sage ich, denn Reginas Kitzler ist nicht an mir festgewachsen.

Alfred versucht eine andere Strategie und will Informationen sammeln. »Hat es eine bestimmte Farbe?«

»Ja.«

»Blau?«

Huh, kalt, denke ich, aber selbst dann wahrscheinlich nicht. Also: »Nein.«

»Rot?«

»Ja.«

»Knallrot?«

»Nur an bestimmten Tagen.« Das konnte ich mir einfach nicht verkneifen. Ich freu mich, dass ich mich mal klüger als er fühlen kann, weil er den Witz nicht versteht.

»Es war kein Gegenstand, nicht?«

»Nein«, sage ich.

»Und kein Lebewesen?«

»Nein«, sage ich, aber mit einem Gesicht, was aussieht, als hätte ich in eine Zitrone gebissen, wiege ich den Kopf hin und her. Das soll ihm vermitteln, dass da noch was ist. Da geht noch was, wie man so sagt.

»Es ist also eher ein Lebewesen?«

Wieder wiege ich den Kopf, stelle mimisch ein Jein dar.

»Es gehört zu einem Lebewesen?«

»Ja«, sage ich erleichtert, dass er in die richtige Richtung denkt.

»Aha«, hebt Alfred hoffnungsfroh an. »Gehe ich recht in der Annahme, dass man es essen kann?«

Er denkt doch nicht in die richtige Richtung. Denkt er an Popel? Aber er hat doch auch Popel, sogar mehr als ich, und die kann er auch anfassen. Ich erkläre ihm, dass sich das alles gerade widerspricht, und boxe ihm dafür auf den Oberarm.

»Denkt doch mal logisch. Männer, ey.«

»Also klein, rot, und ich hab es nicht. Ein Herz.«

»Nein«

»So klein?« Er zeigt noch mal die Murmel. »Deine Brust?«

»Nein!« Ich box ihn einfach noch mal, genau auf die Stelle, auf die ich vorhin gemaßregelt habe. Dann hat er bald was kleines Blaues, was ich nicht habe.

»Jaja, ich weiß schon, ein Kitzler. Aber wessen?«

Das ergibt sich dann recht schnell. Ob wir sie persönlich kennen. Vom Workshop? Vom Abi? Regina!

Dann ist Alfred dran, und ich muss die Wurst erraten, die der Hund Hotte meines Bruders Henning vorletzten Sommer beim Grillen im Garten meiner Eltern von meinem Stiefvater Achim zugeworfen bekommen und aus der Luft gefangen hat, einer Möwe gleich. – Bin ich natürlich mit zwei Fragen draufgekommen.

Kocherziehung

Vorwort
Meine Eltern behaupteten, mich zu lieben, aber sie schickten mich trotzdem zur Schule. Dort wurde ich genötigt, in vorgeschriebenen Stundenplänen mein Denken ständig umzuknipsen, in vorgeschriebenen Pausen auszuknipsen, danach aber wieder anzuknipsen. Ich wurde genötigt, neben einem Banknachbarn zu sitzen, den ich nicht mochte, weil er in Bio bei mir abschreiben wollte, mich aber in Mathe nicht abschreiben ließ. Ich wurde genötigt, Lehrern gegenüberzusitzen, die meterweit nach Unglückssaufen stanken und mich mit ihrem Atem und gleichzeitig von ihrem Fach abstießen – Pawlowscher Reflex: Physik stinkt! Ich wurde genötigt, meinen Eltern die daraus resultierenden schlechten Noten vorzulegen, an denen angeblich ich schuld war, aber vor allem wurde ich genötigt – alles andere kann ich verzeihen –, in Deutsch und Kunst und auch in Musik alles Mögliche zu interpretieren und analysieren. Das kann ich nicht verzeihen. Vorwort zu Ende.

Man wollte mich und die Kunst entzweien. Das weiß ich heute. Der Staat will Künstler aushungern, weil sie faule Stricke sind, und darum soll schon bei jungen Schülern ein Widerwillen gegen die Kunst gesät werden, der weite Felder von Stumpfsinn wachsen lässt, wogende Gräser aus Popmusike. Anders kann ich es mir nicht erklären, dass deutsche Schulen so freudlos an die Kunst gehen, als wäre es ein Froschauge, das es zu sezieren gilt. Was ist die Intention des …? Welche aktuellen Bezüge hat der …? Welche Parallelen bestehen zu …? Was wollte der Künstler damit …? Ja, was wollte der Künstler damit? Hat's ihm vielleicht Spaß gemacht? Ihn erleichtert? Nein, er wollte dies und das »zum Ausdruck bringen«.
   Mein Deutschlehrer sagte, dass in einem guten Gedicht kein einziges Wort ausgewechselt werden kann. Ein Gedicht wie eine Wand; kann man dagegenrennen. Wenn einen dann die Pubertät juckt und man ein Gedicht schreiben will, ist das nicht leicht.

Wenn man daher lieber gar nichts schreibt, macht man jedenfalls nichts falsch, denn bei nichts kann auch kein einziges Wort ausgewechselt werden.

Meine Kunsterziehungslehrerin sagte, dass jedes Bild in einem Gleichgewicht steht, und wenn man etwas zuhält, dann kippt das ganze Bild um. Sogar bei abstrakter Kunst, zum Beispiel bei Pollock, bei dem einige Bilder große Telefonkritzeleien sind. Aber wenn man da was zuhält, kippt das Bild um, sagte die Lehrerin. Sie hielt mit einer weißen Karte einen Klecks zu, und das Bild machte gar keine Anstalten umzukippen. Es war genauso wüst und anarchistisch wie vorher. »Seht ihr!«, jubelte die Lehrerin. »Alles durchdacht, perfekt! Und jetzt malt ein Bild!«

Mir wurde der Pinsel so schwer.

In Musik wurde die Frage an mich gerichtet, wie ich denn den »Frühling« von Vivaldi empfinde. »Heiter?«, fragte ich. »Voller Hoffnung?«, fragte ich. »Ja, gut!«, sagte der Lehrer. Puh, ich atmete durch.

Eines Tages bekamen wir ein neues Schulfach. Kocherziehung. Es war aber nicht so, dass wir selber kochen durften. Kosten durften wir auch nicht. Erst mussten wir die Grundlagen lernen. Uns wurden Fotos von zubereiteten Speisen gezeigt. Wir mussten die Rezepte auswendig lernen und Interpretationen schreiben. Was wollte der Koch uns damit sagen?

Aufsatz

Bei dem mir vorliegenden Foto handelt es sich um die Darstellung eines Schmorkohls mit Schweinebraten und Reis, eines ostpreußischen Gerichts, welches von Herrn Gerd Frankenmüller in Mainz zubereitet, von dem Sohn der Familie, Thomas Frankenmüller, fotografiert und von der gesamten Familie Frankenmüller verspeist wurde.

Scheinbar ist dies ein einfaches Gericht aus einfachen Zutaten, da dieses polnische Gericht aber von einem deutschen Koch zitiert wurde, gewinnt es an großer Aussagekraft.

Als Schweinefleisch wird Schweinehals empfohlen, wobei sich naheliegende Formulierungen wie »den Hals nicht voll bekommen« und »Halt's Maul!« assoziieren lassen. Es ist eine vordergründig aggressive Speise, die um Versöhnung zwischen Polen und Deutschland bittet.

Am auffälligsten an dem Essen ist das Fehlen der Gemüsemetapher Kartoffel, welche küchenüberschneidend sowohl in Polen als auch in Deutschland in vielen traditionellen Gerichten verwendet wird. Die Kartoffel, auch Erdapfel genannt, weist in der Kochkunst immer auf tiefwurzelnde Thematiken hin. Meiner Meinung nach ist das Fehlen der Kartoffel ein Symbol für den Unterschied zwischen Deutschland und Polen, denn nur, weil in beiden Ländern Kartoffeln gegessen werden, kann man nicht beide Länder wie Kartoffeln in einen Topf werfen.

Es handelt sich bei diesem Essen um ein klassisches Entschuldigungsessen. Die erbetene Versöhnung zwischen Deutschen und Polen wird in dem Gericht vor allem durch den geschnittenen, also zerstörten Weißkohl zum Ausdruck gebracht, da der Kohl als Symbol für den Ex-Kanzler Herrn Helmut Kohl zu sehen ist und somit für das gesamte deutsche Volk. Ebenso klingt das Wort »Kraut« an, die Nachkriegsbezeichnung der amerikanischen Besatzer für deutsche Bürger. Nach dem Krieg waren die Deutschen geschnitten, also zerstört. Darauf möchte der deutsche Koch hinweisen, ohne die Schuldfrage unter die Tischdecke zu kehren. Mit diesem Anliegen sitzt er zwischen zwei Küchenstühlen. Als Absicherung, mit dem Schmorkohl mit Schweinebraten nicht falsch verstanden zu werden, hat Herr Frankenmüller die fehlende hart-kochende deutsche Kartoffel aus deutschem Boden, von dem nie wieder ein Krieg ausgehen darf, durch locker-kochenden Reis ersetzt, der seine fernöstliche Ruhe und Harmonie in das konfliktträchtige Essen bringen soll.

Wie fast jedes Gericht wird es unter anderem mit Pfeffer und Salz gewürzt, was in den meisten Gerichten nicht überzubewerten ist, aber an dieser Stelle doch auf das Salz in den Wunden und das Salz in den Tränen hinweisen soll. Der Pfeffer steht für das Schnellfeuer, mit dem Polen genommen wurde, wobei von einigen polnischen Bürgern nur Schmorbraten übrig blieb, wenn sie es nicht schafften, dem Tod vom Löffel zu springen. Es ist sehr gewagt für einen deutschen Koch, sich an diese Thematik zu wagen, ohne sich zu weit aus dem Küchenfenster zu lehnen, aber Gerd Frankenmüller hat geschickt mit einigen Abänderungen des Rezeptes immer wieder einen Hinweis auf die Gemeinsamkeiten beider Länder eingekocht. So werden die Zwiebeln und Mohrrüben geviertelt, so wie Deutschland nach dem Krieg geviertelt wurde. Hier eröffnet sich eine Parallele zu Polen, das in seiner Geschichte viermal geteilt war, wie die Möhre, die Zwiebel und Deutschland. Beide Länder sind in ihren Wurzeln, nämlich der Kartoffel, verletzt worden und darum vorsichtig geworden.

Wir alle haben unsere Wunden, sagt dieses Essen. Wir brauchen alle Vergebung und Zeit. Der Zeitbegriff wird in diesem Essen durch das lange Garen der Zutaten im Backofen symbolisiert. Neunzig Minuten garen lassen, steht im Rezept. Das könnte eine unsensible Anspielung auf Stalingrad sein, wo die Deutschen geschlagen wurden wie Sahnesteif.

Ich habe für diesen Aufsatz eine Drei bekommen. Ich habe Kocherziehung gehasst. Dieses ständige Hungergefühl. Nach zwei Jahren Kocherziehung durften wir das erste Mal ein Essen kosten. Dann konnten wir auch mal was kochen. Wasser. Es entstand nur heiße Luft, so wie unsere Bilder in Kunsterziehung nur Gekrakel waren, die Lieder, die wir in Musik sangen, nur Geträller, die Aufsätze in Deutsch nur Aufsätze. Eigentlich hatte Kunst nichts mit uns zu tun, weil Kunst von Können käme und wir eben nichts konnten, nicht mal auf die richtige Weise konsumieren.

Ich war jahrelang so blockiert, dass ich nichts anderes essen konnte als Fastfood, nichts anderes ansehen als Comics, nichts anderes anhören als Popmusik und nichts anderes lesen als Groschenromane.

Dann habe ich mich nach und nach von meiner Schulbildung erholt und angefangen, alles zu essen, ohne es zu verstehen. Bilder zu essen, Gedichte zu verschlingen, Lieder zu kosten, Romane zu futtern, zu naschen, zu mampfen. Ich hab mir alles reingestopft, und es hat mir gut geschmeckt!

Die Fantasie ist ein Hort wohlklingender Pupse

In meiner Fantasie ist meine Fantasie die allerbeste Fantasie von allen.

In meiner Fantasie kann ich Sex haben, ohne dass jemand der Beteiligten sich irgendwann mal ein Schamhaar aus dem Mund friemelt.

Ich kann in meiner Fantasie anmutig, fast anbetungswürdig tanzen, Bewegungen, die mein Körper rein physiognomisch nicht können kann.

Ich kann in meinem Kopf singen, in allen Stimmen, hängt davon ab, welche Musik ich gerade höre.

Ich kann Schlagzeug spielen, mit den Sticks herumwirbeln, jonglieren, sie wieder auffangen, und zwar hinter dem Rücken, und dann lässig im Takt weitertrommeln, als wäre nichts gewesen.

Ich kann diese ganzen Sachen, weil ich in der Pubertät gern mehr positive Aufmerksamkeit gehabt hätte, aber gar nichts konnte, um positive Aufmerksamkeit zu erregen. Negative Aufmerksamkeit wollte ich nicht erregen – das wäre einfach gewesen. In meiner Fantasie waren immer alle ganz begeistert von mir, und ich bekam nur Lob und Zuspruch. Eigentlich lief alles gut so. Ab und an kam mir der Gedanke, nie etwas an diesem System zu ändern. In der Realität schämte ich mich viel zu sehr. Sogar bei positiver Aufmerksamkeit wäre ich sofort rot geworden, was wieder zu negativer Aufmerksamkeit geführt hätte.

Ich war ganz zufrieden damit, Walkman zu hören und in Gedanken das Schlagzeug zu spielen, vor der ganzen Schule, in der Turnhalle, fehlerfrei. Hätte ich jemals so ein Ziel in Wirklichkeit angestrebt, hätte ich mich verspielen können, vor der ganzen Schule, in der Turnhalle, eben nicht fehlerfrei.

Also blieb ich dabei, mir vorzustellen, ich sei ein Jemand, um in echt ein Niemand zu sein und nichts zu erleben.

Der erhebendste Moment, den ich in der Pubertät hatte, dauerte nur zwei Minuten und war der unbemerkte kümmerliche Rest von kläglich. Ich meine, mich an einen Cartoon zu erinnern, wo einem Schwein vom Wind der Hut vom Kopf gewirbelt wird, der Hut wirbelt einmal durch die Luft und landet wieder auf dem Kopf von dem Schwein, welches daraufhin sagt: »Und natürlich hat wieder kein Schwein gekuckt.«

Ungefähr so war's bei mir auch. Ich war in der siebenten Klasse, auf einer Gesamtschule, weil ich zu wenig Konzentration für gute Noten und somit fürs Gymnasium hatte. Logisch, wenn man den halben Tag im Kopf tanzt oder Schlagzeug spielt. An dieser Gesamtschule gab es in der Hofpause eine Schulhofbeschallung, von Schulhof-DJs aus den oberen Klassen. Das waren natürlich die tollsten Jungs mit den schönsten Locken und echt crazy Klamotten, die die heißeste Musik spielten. Manchmal lehnte sich jemand aus dem geöffneten Fenster, aus dem die Musik kam, beugte sich zum Fußvolk auf dem Hof herab und ließ sich einen Songtitel nach oben rufen, um dann angewidert das Gesicht zu verziehen. So eine Kinderkacke würde er nicht auflegen.

Aus irgendeinem Grund gelangte ich einmal in einer Hofpause mit einer Freundin zusammen in diesen Raum. Die Freundin kannte wen, der kannte wen, dessen Schwester war die Freundin von irgendwem. Plötzlich standen wir im Allerheiligsten. Der Raum, aus dem die Musik kam. Die Boxen standen auf dem Fensterbrett. Nichts, was ich nicht von außen kannte, aber hier war von innen. Ich war drin. Ich war in. Überall lagen Kassetten herum. Drei große Jungs beratschlagten, was als Nächstes gespielt werden könnte. Ich war tatsächlich nicht nur in dem coolsten Raum aller Zeiten, ich gelangte auch an das coolste Fenster aller Zeiten, um aus dem Hintergrund einer normalen Gesamtschulschülerin ans Fenster des Ruhmes zu treten. Mein Blick war genau richtig: Ich versuchte, so auszusehen, als ob ich immer im DJ-Raum wäre, aber bis jetzt noch nie den Drang verspürt hätte, mal eben schnell ans Fenster zu treten, um nach frischer Luft zu schnappen, nur so. Ich sah perfekt so aus, als wollte ich gar nicht gesehen werden. Zu meinem Blick passend, sah mich auch niemand.

Das allein beweist mir, dass diese Sache wirklich passiert ist und ich eine Fantasie nicht fälschlicherweise in meiner Erinnerung als Erinnerung anstatt als Fantasie abgespeichert habe. Wenn ich nur in dem DJ-Raum in meinem Kopf gewesen wäre, hätte die ganze Schule aufgeschaut und gestaunt, als ich so gnadenlos cool am Fenster erschienen war.

Es war nicht ganz niemand, der mich sah. Ein Mädchen aus der Parallelklasse hatte mich gesehen, aber die zählte nicht. Sie hat mir später mal einen Brief geschrieben, mit bedrohlichem Inhalt: Sie wollte meine Freundin sein oder sein wie ich, oder sie würde sich umbringen. Hätten mich noch mehr Leute am DJ-Fenster gesehen, hätte ich noch viel mehr solcher Briefe bekommen. Mit dem Mädchen aus der Parallelklasse habe ich mir dann Briefe geschrieben. Damit sie sich nicht umbringt. Ich nenne sie mal Parallelklassenmädchen, woran man merkt, wie es sich gelohnt hat, meine Fantasie zu trainieren, weil mir spontan so ein Deckname für das Mädchen aus der Parallelklasse einfährt. Parallelklassemädchen und ich standen auf denselben Typen von den New Kids on the Block, was nicht zu Konkurrenz führte, sondern uns einander näherbrachte. Warum auch Konkurrenz? Es war doch klar, dass Danny fragen würde, wer von uns beiden mal im DJ-Raum war, bevor er sich entscheiden würde, welche von beiden er zum Girlfriend nehmen würde. Danny war der am wenigsten beliebte von den New Kids. Die Mädchen an der Schule, die auf Danny standen, waren an einer Hand mit drei Fingern abzuzählen, wohingegen die unteren Klassen fast komplett aus Joe- und Jordan-Mädchen bestanden und Joe- und Jordan-Federmappen hatten mit Joe- und Jordan-Radiergummis drin, womit sie die Liebesbotschaften anderer Mädchen, im Wortlaut »Ich liebe Joe« oder »Ich liebe Jordan«, von der Schulbank radieren konnten, um mit ihrem Joe- oder Jordan-Bleistift »ICH liebe Joe« oder »ICH liebe Jordan« hinzuschreiben.

Aus heutiger Sicht ist das meine Ehrenrettung. Wenn ich schon pubertär auf die New Kids stand, so fand ich wenigstens elitär den Unbeliebtesten toll. Ob Parallelklassemädchen auf Danny stand, weil ich auf ihn stand und sie meinen Geschmack nachschmecken wollte, bezweifle ich, denn ich denke, die fickrige Hupe in unserem Körper, die hupt oder nicht, die lässt sich nicht beeinflussen. Ich selbst habe gegen meinen Männergeschmack seit Jahren nicht die geringste Chance. Gegen jede Vernunft fahre ich immer auf arme, kranke, alte, dicke Typen ab. Davon abgesehen, dass man dann einen armen, alten, kranken, dicken Typ hat, hat das nur Vorteile. Arme, kranke, alte, dicke Typen gibt's genug. Sie freuen sich meistens, wenn jemand was von ihnen will, und keine meiner Freundinnen mag ihn mir ausspannen. Überhaupt bin ich für Freundinnen auf dem Gebiet ein Segen. Ich finde die Freunde meiner Freundinnen alle zu normal, gesund, jung und dünn. Da hupt bei mir gar nüscht. Vielleicht in zehn Jahren, wenn sie dann arm, krank, alt und dick geworden sind, würde ich meinen Blick mal länger auf dem staatlich heruntergewirtschafteten Körper ruhen lassen, aber dann will die Freundin ihn sowieso loswerden.

Letztens habe ich meinen Balkon aufgeräumt. Weggeworfen habe ich wieder nichts. Nur umdrapiert. Meine liebsten Schätze sind:

- der abgerostete Rand eines Metalleimers mit Griffen noch dran
- ein alter Kinderstuhl ohne Sitzfläche
- eine rostige Metallkasse, die aufgebrochen wurde … ich habe sie im Wald gefunden, wie sie dem Dieb vor zehn Jahren aus der Hand gefallen ist.

Nichts davon hätte ich jemals gekauft. Ich mag, dass es auf dem Weg lag. Vielleicht sagt das was über meinen Männergeschmack aus. Vielleicht auch nicht. Mein Vater hat mal im Urlaub einen alten Weidenkorb mit kaputtem Boden im Wald gefunden und mitgenommen. Das sagt sicher nichts über den Männergeschmack meines Vaters aus. Er sah in einem kaputten Weidenkorb das Potenzial zu einem ganzen Weidenkorb, wenn man ein wenig hier und da flickt. Vermutlich hat mein Vater in seiner Jugend im Kopf gesungen und Schlagzeug gespielt.

Der Weidenkorb passte dann nicht in den Gepäckraum unseres Trabis, weshalb er mit der Öffnung nach vorne auf den Hintersitz gestellt wurde. Da ich kleiner war als mein Bruder, musste ich in dem Korb sitzen – so versuchte es mein Bruder darzustellen, denn in Wahrheit musste ich nicht in dem Weidenkorb sitzen, nein, ich durfte. Der Korb knisterte bei jeder Bewegung. Es roch nach Waldboden und Kiefernnadeln. Durch das Loch im Boden des Korbes konnte ich nach hinten auf die Autobahn sehen und mir einbilden, ich führe in einer alten Kutsche. Als es dunkel wurde, fielen die Lichter der überholenden Autos durch das Weidengeflecht flackernd auf meine Hände. Ich hängte meine Jacke vorne über den Korb und war ganz allein in der knisternden, duftenden Kutsche.

Sag mir einer, das wäre mit einem fabrikneuen Korb möglich gewesen.

Heutzutage ist meine Fantasie oft damit beschäftigt, sich vorzustellen, dass ich öffentlich Geschichten vorlese. Ich habe mir freundliche Zuhörer ausgedacht. Sie sitzen da und hören mir zu, manchmal lachen sie, und am Ende der Geschichte klatschen sie immer. Das ist schön.

Papa, komm vom Müll weg!

In irgendeinem Jahr weit, weit weg brachte die 25-jährige Susanne einen gesunden Sohn zur Welt. Das einzige Kind, das in diesem Jahr in Deutschland geboren wurde. Seit langer Zeit das erste Kind, das geboren wurde. Damit die Gesellschaft nicht aus den Fugen geriet, wurde der Fall nicht an die große Glocke gehängt.

Eine alte alzheimerkranke Hebamme versuchte sich zu erinnern, wie man abnabelt. Alle Krankenhäuser, bei denen Susanne in der Schwangerschaft nachgefragt hatte, sagten, sie wären auf so einen Fall nicht vorbereitet. Der Kreißsaal hieße nur noch Kreißsaal, weil sich dort der Kreis des Lebens schloss. Dort wäre das Sterbezimmer.

»Wieso sind Sie denn nicht sterilisiert?«, hatte ein Arzt Susanne vorwurfsvoll gefragt. »Das ist doch verantwortungslos den eigenen Eltern gegenüber! Wo haben Sie denn die Zeit her, ein Kind aufzuziehen? Brauchen Ihre Eltern Sie nicht?«

Susanne hatte dem Arzt erzählt, dass ihre Eltern noch in der Lage wären, für sich selbst zu sorgen. Da war Susanne mitleidig angesehen worden, weil sie das Glück der Elternbetreuung noch nicht erfahren hatte: die letzten Schritte der Eltern, das Windeln, das Toben in den Elternspielgruppen, das Vorlesen der Gute-Nacht-Geschichte …

Der Arzt hatte schon von Menschen gehört, die sich als Elternersatz einen Hund angeschafft hatten, die Eltern aus anderen Ländern in Pflege genommen hatten, und warum nicht sogar ein Kind betreuen, so verrückt es auch klingt.

Susanne wusste nicht, wann das alles angefangen hatte, dass der Staat die Pflege älterer Menschen nicht mehr finanzieren konnte, weshalb eine große Werbekampagne der SPD geschaltet wurde, die glückliche Familien mit spielenden Eltern zeigte: das liebevolle Füttern von Mama und das Herumschieben des Rollstuhls von Papa im Park. Irgendwann wurde die Last der Altenpflege zur Freude umgedeutet. Familie wurde wieder großgeschrieben, es ging dabei eben nur nicht um Kinder, sondern um die Eltern, die bunte Bilder malten und bunte Latzhosen trugen, die man abkitzeln konnte und die im Winter rodeln wollten. Da für Kinder keine Zeit war, verlegte sich der Mutter- und Vatertrieb auf die eigene Mutter und den eigenen Vater UND die Mutter vom Partner und den Vater vom Partner. Manch glückliches Paar hatte vier verfallende Racker zu Hause herumwuseln.

Damals, als man noch Kinder bekam, bekam man immer später Kinder, weshalb die Eltern schon pflegebedürftig waren, wenn ihre Kinder die Schule abschlossen. Viele junge Frauen konnten gar keinen Beruf ergreifen, weil sie ihre Eltern pflegen mussten. Es wurde wieder normal, dass die Frauen zu Hause blieben und die Männer das Geld verdienten. Dadurch erledigte sich auch das Problem der Arbeitslosigkeit wie nebenbei. Die SPD gewann die Wahl. Kanzler wurde ein einbeiniger, homosexueller, schwarzer Albino mit Hasenscharte. Nachdem die CDU das erste Mal mit einer Frau die Wahlen gewonnen hatte, setzten alle Parteien auf Exoten als Kanzlerkandidaten.

Es war eine gut funktionierende Gesellschaft, bis auf den Fakt, dass sie sich nicht fortpflanzte.

Als Susanne sich einige Wochen nach der Geburt das erste Mal mit dem Kinderwagen auf die Straße traute, wurde sie scheel angesehen. Der Kinderwagen sah aber auch seltsam aus, es war eine Obstkiste, die Susanne auf einen Rollstuhl gebunden hatte. Der kleine Felix strampelte munter in der Obstkiste und fasste mit seinen kleinen Händen nach dem Himmel.

Auf den Bänken im Park saßen die Hausfrauen der Umgebung und fütterten ihre Eltern oder die Eltern ihres Mannes. »Papa, kommst du her! Komm vom Müll weg!«

Die Frauen unterhielten sich darüber, welche Fortschritte der Verfall ihrer Eltern so machte: »Und brauchen deine schon Windeln? Der Große noch nicht, aber die Kleine schon. Ach, es geht doch alles so schnell, sie werden so schnell gebrechlich. Aber ist das nicht die schönste Zeit, wenn sie aufhören zu laufen? Erst können sie noch stehen, dann robben und dann nur noch liegen. Und dann drehen sie sich so niedlich vom Rücken auf den

Bauch, um sich nicht wundzuliegen. Da freue ich mich am meisten drauf.«

Susanne setzte sich auf eine Bank zu einer Frau mit ihrer Mutter. Die Mutter lutschte einen großen bunten Lutscher aus Kreislaufmitteln.

»Tochter«, fragte die Mutter ihre Tochter und zeigte auf Susanne, »hat die Frau ganz kleine Eltern, dass die in eine Kiste passen?«

»Du sollst nicht immer so viel fragen!«

Die Mutter schmollte. Sie schob ihr Gebiss im Mund hin und her.

»Hör auf, mit dem Gebiss zu klappern!«

»Menno!«, bockte die Mutter. »Ich hab doch aber eine Frage. Hat die Frau ein Kind?«

Die Frau wurde rot und schaute Susanne entschuldigend an. »Na ja, Sie wissen ja, wie Eltern sind.« Susanne nickte verständnisvoll. *Ihre* Eltern lasen Bücher, pflegten den Garten und fuhren viel in der Welt umher. Eigentlich wusste Susanne nicht, wie Eltern sind. Susanne konnte mit Eltern nicht so gut. Sie waren immer so frech und vorlaut. Sie meckerten zu viel herum, wenn der Bus zu spät kam. Sie war kein Elternfreund.

»Ist das nun ein Kind?«, fragte die Mutter der jungen Frau wieder.

»Mama! Nun ist aber mal gut mit den Fragen. Kuck dir deinen Mann an, wie friedlich der spielt.« Der alte Mann im Sandkasten schippte sich Sand in die eigene Mütze und wollte sie dann an Spaziergänger als Döner verkaufen. Die Spaziergänger waren entzückt. Sie streichelten dem alten Mann über den Kopf und gaben ihm kleine Schnapsflaschen und Viagra.

»Papa, WAS sagt man da?«, schrie die junge Frau ihrem Vater zu. »Dankeschön!«, sagte der Alte wohlerzogen. Dann kam er zu seiner Tochter gelaufen. »Kuck mal, Kuck mal, Schnaps!«

»Du hattest doch heute schon Schnaps, Papa! Na gut, weil du so lieb warst. Aber eigentlich sollst du nichts von Fremden nehmen, merk dir das! Die wollen dich nur entführen, weil ihre Eltern gestorben sind. Dass du mir nie mitgehst, wenn dir jemand Schnaps schenkt, ja?« Der Alte nickte und trank seinen Schnaps.

»Tochter!«, quengelte die Mutter der jungen Frau wieder. »Wo kommen die Eltern her?«

»Mama! Es reicht!«, sagte die Frau streng.

Manchmal glaubte Susanne, dass sich die Eltern nur blöd stellten, um als niedlich zu gelten. Die mussten sich doch daran erinnern können, dass sie selbst mal Kinder bekommen hatten. Susanne sagte zu der Mutter in sanftem Ton, weil sie fand, man müsse mit alten Menschen wie mit Erwachsenen reden: »Die Eltern haben die Kinder mal gemacht. Deine Tochter war auch mal so klein.«

Die Alten lachten. Das kam ihnen zu komisch vor. Die Tochter der Alten fuhr Susanne scharf an: »Hören Sie auf, meinen Eltern so etwas zu erzählen. Ich will, dass sie einen schönen Lebensabend haben, mit Weihnachtsmann und allem. Sie können ihnen doch nicht den Glauben nehmen, dass ich sie von der Elterninsel habe. Kennen Sie nicht diese schöne Geschichte?«

»Au ja, Tochter, erzähl die schöne Geschichte!«, schrien die Alten.

»Nicht jetzt! Zu Hause! Wir gehen. Einen schönen Tag noch!« Die Frau ging.

Susanne nahm ihren Felix aus der Obstkiste und schaukelte ihn im Arm. Er schrie, weil seine Zähne kamen. Die Alten sahen aus dem Buddelkasten neugierig zu dem Säugling. Sie begannen sich zu erinnern, und es rührte sie. Ihnen fielen Worte wie »Enkel« ein. Von ihren Kindern wurden sie abgespeist: »Enkel! Möchte wissen, wo ihr solche Wörter lernt!! Enkel! Dafür haben wir keine Zeit! Wir haben doch euch. Und jetzt spielt schön, aber passt auf eure Bandscheiben auf, heute geht es nicht noch mal zum Onkel Doktor!«

»Ooooch«, maulten die Alten.

Haben

Meine neue Wohnung ist ein Experiment. Wie lange halte ich das aus? Mein Einzug war zu turbulenten Zeiten, denen turbulente Zeiten folgten. Nun wohne ich in einer turbulenten Wohnung und habe zu viel zu tun, um meine Wohnung einzurichten. Ich habe zu viele Gegenstände. Was ist viel? Was ist haben?

Ich habe zu viel keine Ahnung.

Ich bin in die Wohnung eingezogen in dem Sinne, dass alles, was ich besitze, hier drin ist in dieser Wohnung, in der ich jetzt wohne. Was ist wohnen? Ich hause. Ich komme nach Hause, lasse alles fallen, und wenn es nicht etwas ist, das anfangen könnte zu stinken, lasse ich es auch da liegen, bis ich es wieder brauche. Was ich brauche, ist nicht viel. Es ist überraschend wenig.

Ich habe meine Wohnung seit dem Einzug nicht eingerichtet. Das Bett ist an einer Stelle, der Kleiderschrank auch, und der Schuhschrank ist im Flur. Bad und Küche funktionieren, denn im Bad ist alles, was ins Bad gehört, und in der Küche alles, was in die Küche gehört. Das meiste ist in Schränken, und wenn man die Schranktür zumacht, sieht es normal aus.

Meine Oma erzählt bis heute, dass bei einem Umzug damals in meinem Spielzeugschrank ein Brotkanten aufgefunden wurde und ich ein unordentliches Kind war, wie es kein zweites auf der Welt gab und bis heute gibt. Das ist ganz und gar unwahr. Ich bin vielleicht schnell abgelenkt, aber nicht mutwillig schlampig. Entweder habe ich vergessen, den Brotkanten aufzuessen, oder ich habe so fantasievoll mit ihm gespielt, dass ich vergessen habe, dass es ein Brotkanten ist. Meine Oma im Übrigen ist inzwischen so alt, dass sie Brotkanten im Spielzeugschrank schon lange überboten hat. Bei meinem letzten Besuch bei ihr krauchten Maden in den Zimmerecken herum. Mein Vater, meine Stiefmutter und ich, wir sammelten die Maden von der Decke. Da ich solche Maden auch einmal in meinem Zimmer hatte, wusste ich, dass sie irgendwo herkommen müssen. Die kommen nicht von draußen rein. Meine Madenzucht war damals im Wellensittichfutter.

Meine Oma hat keinen Wellensittich. Wir suchten im Hundefutter. Das war nichts außer Hundefutter. Wir suchten in der Küche in jeder Ecke, da war nichts als Ecke. Wir suchten im Hundekorb, da war nichts als Hund. Meine Oma saß traurig auf dem Sofa. Der Hund ging gesenkten Kopfes zu meiner Oma und leckte ihr das Gesicht wieder trocken.

Ich bin schon ein bisschen stolz, dass ich den Madenherd entdeckt habe, aber ich hätte auch darauf verzichten können, denn nie wird das Bild mein Gehirn verlassen. Meine Oma hat, wie eine gute Oma es haben sollte, eine Naschschublade – eine große Naschschublade, denn meine Oma hat viele Enkel. Was ist viel? Meine Oma kauft, wie eine gute Oma es tun sollte, jedes Mal, wenn sie einkaufen geht, irgendetwas für die Enkel. Das schiebt sie dann in die Naschschublade, ohne jemals nachzusehen, was hinten in der Schublade so ist. Die Enkelkinder sind größtenteils groß. Was ist groß? Größer als die Oma. Und sie besuchen ihre Oma nicht mehr so oft. Was ist oft? Oft wäre, wenn die Naschschublade mal bis ganz hinten aufgegessen wäre und meine Oma zu Recht Naschnachschub kaufen würde, denn früher hatte ihr beständiges Naschnachkaufen nicht zu Maden geführt und das nicht, weil es im Osten keine Maden gab oder weil die Maden die Ostschokolade verschmähten. Früher waren die Enkel gekommen und hatten alles weggenascht.

Ich gehe meine Oma auch zu selten besuchen. Das liegt daran, dass das Gehirn meiner Oma andersherum funktioniert als die Naschschublade meiner Oma. Wenn man in die Naschschublade immer nachschiebt, wird hinten was schlecht. In das Gehirn meiner Oma kann man reinschieben, was man will, nur das, was ganz hinten ist, das ist noch nicht schlecht. Meine Oma weiß früher, früher und noch früher, und das erzählt sie mir einmal, einmal und noch einmal. Ich weiß, dass meine Oma sich alles angehört hat, was ich ihr erzählt habe, als ich klein war. So macht das eine Oma, die eine gute Oma ist. Meine Oma hat sich bei meinem kindlichen Geschnatter darüber gefreut, was ich mir alles ausdenke.

Ich freue mich nicht darüber, was sich meine Oma alles ausdenkt. Ich ärgere mich, dass sie alles verdreht und sich nicht erinnern kann. Meine Oma hat sich darüber gefreut, dass ich alles wissen wollte und so viele Fragen stellte. Ich ärgere mich, dass meine Oma ständig dasselbe fragt und es sich einfach nicht merken kann. Nun ist das eine Lernen und das andere Verlernen, aber für einen Moment ist es dasselbe, nur dass ich keine gute Oma bin. Meine Oma weiß das mit den Maden auch nicht mehr. Sie hat gesagt, wir sollen es ihrer Tochter nicht sagen, und danach hat sie es gleich selbst vergessen, denn wenn man es vergisst, ist es gar nicht passiert. Meine Oma will nicht, dass ihre Tochter, also meine Tante, weiß, dass meine Oma vielleicht nicht mehr in der Lage ist, alleine zu wohnen.

Als man mir zutraute, nicht ständig Brotkanten im Spielzeugschrank zu vergessen, durfte ich alleine wohnen. Bis zu der jetzigen Wohnung habe ich das auch alles gut gemeistert. Ich war immer sehr wohnungseitel. Es gibt Menschen, die würden bei einer Befragung angeben, dass es bei Kirsten Fuchs zu Hause immer tipptopp aussieht. Wenn ich Besuch bekam, habe ich immer überall in jeder Ritze aufgeräumt. Wenn man damit einmal aufhört, dauert es nicht lange, und die Unordnung übernimmt die Wohnung. Es dauert nur ein paar Tage zum Asozialsein. Der Weg ist nicht weit. Komischerweise ist aber nur meine Wohnung asozial, denn seit ich meiner Wohnung weniger Zeit widme, habe ich mehr Zeit für Freunde und Familie beziehungsweise verbringe ich so viel Zeit mit Freunden und Familie, dass ich meine Wohnung einfach nicht einrichten kann.

In dieser Wohnung wohnte vorher eine Freundin, die, wenn sie fünf Minuten sagt, eine halbe Stunde meint, und wenn sie ein paar Tage sagt, dann meint sie ein paar Wochen. Vor ein paar Tagen hatte sie zu mir gesagt, dass morgen der errechnete Geburtstermin für ihr Kind wäre … Und ist das Kind da? Natürlich nicht. Ist ja ihr Kind. Ein Wunder, wenn's überhaupt wie verabredet ein Kind wird. Eben jene Freundin zog aus meiner jetzigen Wohnung eben nicht übereilig aus, weil sie ja die Nachmieterin sehr gut kannte, also mich, und die sie auch sehr gern mochte, also ich sie, und man darum alles auch ganz gemütlich angehen konnte.

In meine ehemalige Wohnung zog mein bester Freund ein, der auch schon vorher in diesem Haus gewohnt hatte und es also immer noch tut. Das waren also zwei Umzüge im selben Haus. Da dieser Freund mich sehr mag und auch meine Vormieterin sehr mag, hatte er das Pech, am Ende einer Wohnungstauschkette zu sitzen und beide Trödelliesen zu mögen und darum nicht rausklagen zu können. So zogen sich alle drei Umzüge träge und über Wochen dahin. Von den Kellern mal ganz zu schweigen. Wir haben einen Keller komplett leer geräumt. Da waren noch Sachen von meiner Vormieterin drin, die, wie sollte es anders sein, eine Freundin ist und darum das nicht so eng gesehen hat mit dem Kellerleeren, und ich habe das auch nicht so eng gesehen mit dem Kellerleeren, weil, ist ja eine Freundin.

Das sind alles Gründe für mein Wohnungsexperiment, aber der eigentliche Grund ist, dass, kurz bevor ich in die Wohnung einziehen sollte, mein Papa Stief starb, und es war plötzlich nicht mehr so wichtig, dass alles, was ich besitze, zwei Stockwerke hoch muss. Es war ziemlich viel plötzlich unwichtig, und ziemlich viel war plötzlich wichtig. Ich versuchte viel bei meiner Mutter zu sein. Viele versuchten, viel bei meiner Mutter zu sein. Was viel war, war mir viel unklar. Mein Papa Stief besaß 53 Hämmer. Das ist viel. Die besitzt jetzt alle meine Mutter. Das sind ihr zu viele. Ich habe davon fünf Hämmer mitgenommen, denn bei Werkzeug kann ich nicht anders. Da bin ich ganz das Kind meines Stiefvaters, der alles haben musste.

Was ist haben? Was hat man von haben? Da hat man die Bude voll mit Haben. Meine Mutter hat alles ausgemistet, und das hat sie gründlich und heulend getan. Mein Papa Stief besaß nicht nur 53 Hämmer, sondern auch 300 Kugelschreiber. Davon habe ich jetzt etliche, denn bei Kugelschreibern, da kann ich nicht anders.

»Kind«, sagte meine Mutter, »fang nicht auch so an, du bist wie Achim … Kuck mal hier die ganzen Notizblöcke, die der Mann angesammelt hat. Die kann man doch in keinem Leben vollschreiben«. Es waren über 40 Stück. Davon habe ich jetzt zehn, denn bei Notizblöcken, da kann ich nicht anders.

»Kind«, sagte meine Mutter.

Weil ich meinen Stiefvater im letzten Jahr zu wenig gesehen habe – was ist zu wenig? Zu wenig ist so wenig, dass man sich hinterher ärgert, darum muss ich jetzt alle, die ich gern habe, zu viel sehen.

Haben.

Spätestens bei einem Umzug merkt man, dass man zu viel Zeugs angesammelt hat, und stellt sich unweigerlich die Frage: Was ist wichtig im Leben?

Ich habe immer gesagt, dass ich viele Eltern habe, denn ich hatte vier, jetzt habe ich nur noch drei, und ich finde einen Vater zu haben sehr wenig, weil einer ja fehlt.

Ich habe eine Oma. Die muss ich bald besuchen. Und wenn sie mir ihre gestrickten Socken aufdrängt, kann ich nicht nein sagen. Ich habe so viele Socken, dass ich sie nie ablaufen kann. Ich eröffne ein Sockenmuseum, ein Hammermuseum, ein Kugelschreibermuseum. Ich weiß gerade nicht, ob ich alles oder gar nichts haben will. Gegenstände, meine ich. Wenn ich es weiß, werde ich ausmisten oder nicht und meine Wohnung einrichten oder leer lassen. Haben. Ich habe gern Zeit und jemand gern.

König Kind

Letzte Woche fragte mich ein Zuhörer der Chaussee der Enthusiasten, warum ich keinen Alkohol trinke. Ich nippte gerade an einem Jever Fun – und da das gar kein Spaß ist, ganz anders als es der fetzige Name verspricht, den die Praktikanten im Brainstorming ausgetüftelt hatten, ist diese Frage durchaus berechtigt. Ich hätte sonst was antworten können, aber ich antwortete der Wahrheit gemäß, dass ich schwanger sei.

Der Zuhörer der Chaussee daraufhin: Er habe sich schon gefragt, warum ich so Hüftgold hätte neuerdings.

Ich möchte diese kleine Anekdote dazu nutzen, öffentlich zu verkünden, dass ich das Wort Hüftgold im Zusammenhang mit mir für die nächsten 30 Jahre nicht zulassen werde, zumal sich jetzt in diesem Fall von Schwangerschaft mit meiner Hüfte gar nichts getan hat ... wenn, dann hab ich Arschgold und Bauchgold und Brustgold. Auch ein wenig Kinngold.

Vor allem natürlich Kindgold.

»Uuuuuuund? Wie geht es *euch*?«, werde ich jetzt gefragt.

Ich denke über das Wunder Leben nach. Irre, ich kann ein Lebewesen machen, das aussieht wie eine Erdnuss. Zwei Wochen später sieht es eher aus wie eine Kaulquappe. Das waren wir alle mal. Ich bin davon beeindruckt, was ich da mache ... woher ich das kann ... und mit welcher Selbstverständlichkeit. Ich schluder sonst immer alles so hin, dass ich schon befürchtete, ich könnte irgendwas vergessen haben an dem Kind. Nee, alles dran, sagt die Frauenärztin. Wie hätte ich das auch später erklären sollen. Ach, Beine, Beine ... völlig überschätzt. Hab ich halt vergessen.

Ich kann gleich mal die häufigsten Fragen beantworten.

Is dir schlecht? Nein.

Was wird's? Ein Kind.

Man kann auf beides auch »Hauptsache gesund« antworten, überhaupt eine sehr schöne Antwort auf viele Fragen. Wen wählst du bei der nächsten Wahl? Hauptsache gesund.

Weitere Fragen auf der Hitliste der Fragen an Schwangere sind:

Hast du Angst vor der Geburt? Bis du mich gefragt hast, hatte ich keine.

Isst du komische Sachen? Nicht mehr als vorher.

Geburtstermin? September.

Was ist das für ein Sternzeichen? Jungfrau? Ja, ich hab den Witz schon gehört, dass es logischerweise als Jungfrau auf die Welt kommt.

Wer ist der Vater? Hauptsache gesund.

Ich finde, es könnte so eine Art Autokarten für Schwangere geben. Die Kategorien sind:

Wie oft in der Nacht auf Klo?

Wie oft gekotzt?

Wie viele Kilo zugenommen in der Schwangerschaft?

Wievieltes Kind?

Wie viele Vornamen?

Wie viele Kandidaten für den Vaterschaftstest?

Wie viele Schwangerschaftsstreifen?

Da würden sie dann in den Geburtsvorbereitungskursen sitzen, die Frauen mit ihren Bäuchen, und Schwangerenkarten spielen, während sie auf Hebamme Anette warten, die immer so liebevoll mit der Babysimulationspuppe umgeht.

Meine eigene Schwangerenkarte ist nur mit Pinkeln ganz weit vorne. Ich soll täglich drei Liter trinken, weil ich das Fruchtwasser auswechseln muss. Ich hatte als Kind mal ein Aquarium, mit Wasserauswechseln kenne ich mich aus. Das gibt sonst Algen an der Scheibe.

Mein Bauchnabel ist jetzt weniger tief. Er kommt irgendwie hoch.

Die Täler in meinem Nabel, die ich so gut kenne, heben sich. Diese SCHLUCHTEN, die man nie vernünftig sauber machen kann. Ich komme jetzt überall gut ran. Das ist der einzige Grund, der mir einfällt, warum Männer auch schwanger werden sollten … damit sie mal ihren Bauchnabel richtig sauber machen können.

Die Frauen, die abgetrieben haben, die haben recht: Ihr Bauch gehört ihnen. Aber wenn man nicht abtreibt, dann heißt es: Der Bauch gehört dem Kind.

Die korrekten Wohnverhältnisse sehen aber ganz anders aus: Das Kind wohnt zu freier Kost und Logis auf beschränkte Zeit in einer Einzimmerfruchtblase mit fließend Wasser. Die Einzimmerfruchtblase wird bei Mehrbedarf vergrößert. Bei zu dramatischer Verlängerung des Mietvertrages über die vereinbarten neun Monate hinaus droht die Kündigung.

Das ist natürlich alles nicht wahr … wahr ist, dass es kein Mietverhältnis gibt, weil man nicht von einem Kind bewohnt wird, sondern von König Kind regiert.

Alles hat unglaubliche Dringlichkeit. Ich muss nicht pullern. Ich muss pullern JETZT. Ich habe keinen Hunger. Ich habe Hunger SOFORT. Ich habe nicht Appetit. Ich habe Appetit auf NUR DAS, oder ich sterbe. Einerseits ist es schön, alles aufs Kind zu schieben, andererseits komme ich mir schon fremdgesteuert vor. Als ob das Nachwüchslein die Nabelschnur als Klingelzug missbraucht. Klingling, Rosinen. Klingeling, LEBERWURST.

Alles, was ich esse, geht anteilig an König Kind.

Alles, was ich gedenke zu essen, gebe ich vorher nach unten durch und warte auf Antwort. Brot – nein. Butter – ja. Ananas – nein. Wassermelone – ja.

Manchmal reagiert König Kind auf etwas, das ich gar nicht angeboten habe. Wir laufen an einem Bäcker vorbei. Da liegen Obstplunder. Obstplunder – ja, kommt von unten, obwohl ich gar nicht gefragt habe. Ich reagiere nicht darauf und gehe am Bäcker vorbei … kehre nach fünf Metern wieder um, weil es unten schreit:

Klingling, OBSTPLUNDER. OBSTPLUNDER!

Manchmal wiederhole ich wie willenlos und leicht minderbemittelt die Bezeichnungen von Lebensmitteln, als ob es schon gut schmecken würde, auf dem Wort herumzukauen. Jemand sagt »Kuchendiagramm«, und schon murmel ich entzückt: »Kuchendiagramm.«

Gott sei Dank kommt von unten »Kuchendiagramm – nein«. Sonst hätte ich eins ausdrucken müssen und runterwürgen.

Letztens sagte der Kindsvater mitten in der Nacht, er habe früher gern Pudding gegessen. Ohne darüber nachzudenken, wiederholte ich entzückt: »Pudding«, und dann hielt ich mir erschrocken den Mund zu. Danach fauchte ich den Vater an: »Bist du verrückt? Wenn wir jetzt keinen Pudding haben! Hoffentlich schläft es schon und hat nichts gehört.«

Pudding – ja, kommt von unten.

Scheiße. Jetzt müsste ich aufstehen und Pudding machen. Will ich aber nicht.

Klingling, Pudding. PUDDING. JETZT!

Ich finde, es ist ein ungezogenes Kind, aber wie soll es auch erzogen sein, wenn ich noch nicht mit Erziehen angefangen habe? Ich sollte damit schleunigst anfangen.

Geh zur Schule! Äh, nee, keine gute Idee, dann müsste ich ja mit.

Putz dir die Zähne! Hat noch keine.

Solange du deine Beine in meinem Bauch hast, wird gegessen, was durch die Nabelschnur kommt!

Räum die Gebärmutter auf. Wie die Plazenta schon wieder aussieht!

Du hast sechs Monate Stubenarrest.

Männerversteherin
Untersuchung der Garstigkeit des weiblichen Geschlechtes
gegenüber dem männlichen Geschlecht
(auch Zickigkeit genannt)

Der Ursprung der Garstigkeit liegt darin, dass die Frau von dem Mann will, dass er sie liebt, beziehungsweise dass er es sagt. Die Frau will sich im geblümten Kleid vor dem Mann im Kreis drehen, während er entzückt in die Hände patscht. Es ist peinlich, das zuzugeben, darum geben es Frauen auch nicht zu, aber das isses. Ich – schön, du – begeistert. So schwer ist das nicht. Warum ist das nur so schwer? Der Mann kann irgendwann nicht mehr entzückt von der Frau sein, weil die Frau manchmal garstig ist. Die Frau wird immer garstiger. Sie wird manchmal so garstig, dass die Blumen auf ihrem Kleid verblühen. So garstig wird sie manchmal. Daran kann man sich gewöhnen und es Beziehung nennen.

Bevor dieser Garstigkeitskreislauf einsetzt, versucht die Frau, den Mann anders zu erreichen. Sie nennt es: drüber reden. Drüber reden schlägt fehl. Vier Stunden für nüscht und wieder nüscht. Danach heult die Frau. Eine Stunde für nüscht und wieder nüscht. Dann wird die Frau garstig. Sechs Sekunden und eine bemerkenswerte Reaktion. Der Mann krümmt sich. Aha, er lebt noch. Die Frau bleibt bei der Taktik, dem Mann angespitzte Stöckchen in die Eier zu pieken, weil das die letzten Lebenszeichen vom Lebensgefährten sind, die sie bekommt. Und wenn er wenigstens noch leidet, fühlt man sich nicht so allein. Das verbindet.

Schauen wir uns die einzelnen Phasen etwas genauer an.

Phase eins. Drüber reden. Der Mann weiß, dass er der Frau schon mal gesagt hat, dass er sie liebt und dass sie schön ist. Solange sich daran nichts ändert, findet er, muss über den gleichbleibenden Zustand kein weiteres Wort verloren werden. Männer behalten ihre Worte lieber für sich, während Frauen sie überall verlieren. Die Frau will, dass der Mann genauso verknallt ist, wie er es am Anfang war, auch wenn das bedeuten würde, dass er in ständiger Lebensgefahr schwebt, weil er nicht in der Lage ist, Auto zu fahren. Auch könnte der Mann keiner Arbeit nachgehen, wenn sein ständiger Testosterondruck ihm das Blut in die Lenden umzapft. Die Frau kauft sich ein neues geblümtes Kleid und dreht sich nach Feierabend vor ihrem Mann. Der sagt einmal, dass das Kleid schön ist, dann auf Nachfrage, dass auch die Frau in dem Kleid schön ist, aber dann muss auch mal wieder gut sein.

Die Frau will drüber reden.

Drüberredenbeispiel
Ich fühle mich, als ob … Ich habe den Eindruck, dass du … Es verletzt mich, wenn … Ich glaube sogar fast, dass du mir gar nicht … Hörst du mir eigentlich zu?

Du sagst ja gar nichts. Sag doch mal was. Lass mich doch mal ausreden. Sag doch auch mal was dazu. Das geht uns doch beide was an. Sag doch mal was. Das will ich jetzt aber nicht gehört haben. Ich kann dir doch nicht sagen, was du sagen sollst. Sag doch einfach, was du denkst und was du fühlst. Du denkst also nichts. Du musst doch wissen, was du denkst. Denk doch mal nach. Du kannst also nicht denken, wenn ich rede? Wir müssen doch aber drüber reden, und wenn du nichts sagst, muss ich doch was sagen, sonst sagt ja keiner was, und das ist ja dann kein Drüberreden. Wenn du was sagst, würde ich ja zuhören, aber du sagst ja nichts, weil du nicht weißt, was du denkst. Aber du fühlst doch was. Dann sag mir doch, was du fühlst. Du kannst mir das ruhig sagen. So schlimm kann es doch nicht sein. Das ist doch Quatsch, dass du nicht weißt, was du fühlst. Man kann doch nicht darüber nachdenken, was man fühlt. Man fühlt es doch. Ich fühle zum Beispiel gerade alles gleichzeitig, das eine, das andere und das Gegenteil von beidem. Meinst du, wenn du sagst, du fühlst das auch, dann bist du aus dem Schneider? Du schließt dich einfach faul meinen Gefühlen und Gedanken an und musst dir dann keine eigenen Gefühle und Gedanken machen. Ich will doch gar nicht, dass du mir zustimmst. Das ist doch kein Streit. Wir reden doch bloß drüber. Du sollst mir doch nur erklären, warum ... Sag doch so was nicht. Es wäre echt besser, du würdest gar nichts sagen. Du machst alles noch viel schlimmer. Natürlich ist das sinnvoll, wenn ich dir sage, was ich fühle, auch wenn ich es nicht weiß und sich das gegenseitig aufhebt, wenn ich immer auch das Gegenteil fühle. Ich soll also nur was sagen, wenn ich genau weiß, was ich sagen will. Dann dürfte ich ja nie was sagen. Erklär mir nicht, was ich denke. Ich weiß genau, was ich denke. Ich denke, dass ich es nicht genau weiß. Das ist genau das, was ich denke. Ich wünschte, du würdest mich einmal so ehrlich an deinen Gedanken teilhaben lassen, wie ich das für dich mache. Aha jetzt kommt's also. Da bin ich ja gespannt. Du könntest also darauf verzichten, dass ich dich so ausführlich teilhaben lasse. Da öffne ich mich hier für dich, und du könntest drauf verzichten. Und ich will, dass du dich öffnest, und du willst nicht. Das heißt, dass du auf jeden Fall der bist, der der ganzen Sache hier negativ gegenübersteht. Merkst du das? Du lässt es einfach so über dich ergehen, was ich hier so rede. Als ob ich gegen eine Wand rede. Du findest es wahrscheinlich auch noch geduldig von dir, mich so lange reden zu lassen. Du schweigst lieber, weil du sonst ausrasten würdest?! Dann raste doch mal aus. Ich will doch nur, dass du was sagst. *Schrei mich nicht an!* Nicht in dem Ton. Lass uns doch wie vernünftige, erwachsene Menschen drüber reden. Jetzt sagst du wieder nichts.

So einer Frau mag kein Mann Komplimente machen. Die Frau redet den Mann in ein Schneckenhaus, in das er sich in die hinterste Ecke verkriecht und dort hofft, dass er jemals wieder Stille hört. Was er als Nächstes hört, ist, dass die Frau nicht mehr weiß, was sie sagen will, aber sie kann nicht aufhören.

Phase zwei beginnt: Heulen.

Heulbeispiel
Wie kannst du nur so kaaaaalt sein? Es kann doch nicht seiiiin, dass ich die Einzige bihihihihin, die hier die Beziehungsarbeit maaaaaaaaaaaacht. Ich weiß nicht mehr … Was soll ich denn noch saaaaaaaaagen, dass du mich versteeeeeeeeeehst? Ich hab doch alles schon gesaaaaaaaaaaaaaaaagt. Jetzt muss ich auch noch weiheiheinen deinetwegen. Du Arschlooooooooooooch. Kuck nicht so teilnahmslos. Nimm mich doch mal in den Aaaaaaaaaaaaaarm.

Der Mann sitzt immer noch da, wie er eben da sitzt. Der Mann ist in eine Starre verfallen. Diese Starre nennt man Laberstarre. Wenn die Frau lange auf den Mann einredet, verhärten sich seine Muskeln. Es soll schon Männer gegeben haben, die sind einfach vom Sofa gefallen. Die Ursache dieses Verhaltens liegt in der Steinzeit begründet, wo die Frau keine andere Möglichkeit hatte, den noch nicht müden Mann in der Abenddämmerung in der Höhle zu halten, als ein monotones hypnotisierendes Vor-sich-hin-Gesumme. Eine andere Möglichkeit, dasselbe zu erreichen, ist die Sexualität, aber manchmal ist es der Frau lieber, dass der Mann auf anderem Wege müde wird. Nur darum begann die Frau mit dem Mann zu kommunizieren, obwohl sie schon zu der Zeit wusste, dass man mit dem Mann nicht kommunizieren kann. Die Menschheit wäre schon lange ausgestorben ohne dieses Phänomen, denn der Mann wäre in der Steinzeit abends immerzu in der Gegend herumspaziert und von Raubtieren zerfleischt worden. So schlimm, wie es sich anhört, ist es für den Mann aber nicht, denn er nimmt in diesem Zustand nichts mehr wahr, sodass er nicht leidet. Das Heulen der Frau belebt die Sinne des Mannes wieder und löst die Laberstarre. Allerdings setzt dann etwas ein, das Heulabwehrmechanismus genannt wird. Das Frauenheulen, dem Wolfsheulen nicht unähnlich, löst in der Jägergenetik des Mannes einen Fluchtinstinkt aus. Er ist trotzdem nicht in der Lage, sich zu bewegen, da ihm die Vorsicht gebietet, in Deckung zu bleiben. Der Mann kann sich also der heulenden Frau nicht nähern, ohne großen Widerwillen zu spüren.

Die Frau sieht ein, dass sie an diesem Abend nie und nimmer zu einem Kompliment, ihre weiblichen Reize betreffend, kommen wird, darum wird sie gereizt.

Um den Mann wiederzubeleben, lässt sie ihrer Garstigkeit freien Lauf. Phase drei.

Garstigkeitsbeispiel
Du wirst noch genau wie dein Vater. Ich kann deine Mutter schon verstehen, dass sie euch beide verlassen hat, als du noch ganz klein warst. Sie hat genau gewusst, dass du genauso ein verkorkster Scheißkerl …

Der Mann steht auf und geht. Die Frau zetert ihm hinterher. Der Mann brummelt, dass er überhaupt nicht weiß, warum er überhaupt noch mit der Kuh zusammen ist. Die Kuh hat das gehört. Sie muht, dass er sie ja wohl liebt, verdammt. Der Mann murmelt, anders kann er sich das auch nicht erklären. Happy End. Er hat gesagt, dass er sie liebt. Dem Versöhnungssex steht nichts im Wege. Am nächsten Tag ist die Frau ganz zuckersüß.

Jahr eins

Obwohl mir klar war, dass es so kommen musste ein Jahr nach der Geburt meiner Tochter, hatte sie nun plötzlich völlig überraschend, so mir nix dir nix, holterdipolter, ihren ersten Geburtstag.

Nee, wirklich, ich glaube, Kinder wurden zu einer Zeit erfunden, als es noch keine Uhren gab, denn an ihnen kann man wirklich sehen, wie die Zeit vergeht. Man kann sie in eine Zimmerecke stellen und zusehen, wie sie wachsen, dabei über die Vergänglichkeit nachdenken und einen Rotwein trinken.

Leider bleiben Kinder nicht in der Zimmerecke stehen. Da wurden dann Topfpflanzen erfunden. Tja, die Zeiten ändern sich. Wenn früher ein Abdruck für eine Zahnprothese genommen wurde, hatten die Patienten noch in ein Leberwurstbrötchen gebissen. Früher hieß früher auch damals.

EIN JAHR! EIN GANZES JAHR!

Ich lud zum Geburtstag die Brabbelbande aus der Krabbelgruppe ein, und die Eltern verzogen sich. Klar, die Kinder wollten sturmfreie Bude an ihrem ersten Geburtstag. So liefen ich und die anderen Eltern rauchend um den Block, eine Art Lampionumzug, aber mit ganz kleinen Lampions. Wir redeten darüber, wer wir früher waren und was unsere Kinder am liebsten aßen.

Als wir zurück in die Wohnung gingen, fanden wir ein heilloses Durcheinander vor. In der Mitte des Raumes lagen ein paar Babys übereinander, jedes die Finger in fremden Nasen und Mündern. Alle Milchfläschchen waren ausgesoffen. Ein Gerülpse aus allen Ecken. Erbrochenes auf dem Teppich.

Das war also der erste Geburtstag, und so würde es wahrscheinlich bleiben die nächsten Jahre.

EIN JAHR! EIN GANZES JAHR!

Sie hat viel gelernt und – darüber schweigen sich ja die meisten Eltern aus – auch viel verlernt. Sie konnte mit ihrer enormen Saugkraft Walnüsse auszutschen, ohne dass die Schale kaputtgegangen ist. Man hätte sie als Blutegel bei Leuten mit Blutegelekel ansetzen können. Wer hätte nicht lieber den ganzen Rücken voller Säuglinge hängen als voller Blutegel?

Außerdem hat meine Tochter verlernt, sich überall festzuhalten, bis jemand sie wieder abpflückt. Sogar mit den Füßen konnte sie das. Nicht, dass ich's probiert habe, zumindest nicht länger, als bis ich alle Fotos gemacht hatte. Dafür kann sie jetzt winken. Das ist auch toll.

Sie kann mit Brei ihren Namen auf den Tisch schreiben, in einer anderen Sprache und rückwärts. Sie kann das auch mit einem Löffel voller Brei über die Schulter an die hinter ihr befindliche Wand.

Sie muss ein Hörproblem haben, was Interpunktion angeht. »Mit Essen spielt man nicht«, habe ich gesagt, aber sie hat gehört: »Mit Essen spielt man KOMMA nicht FRAGEZEICHEN.«

Da gibt es noch Entwicklungsbedarf. Auch an anderen Stellen. Sie ist immer so glücklich, wenn man ihr die Hose auszieht. Das kann nicht so bleiben. Wo kommen wir denn da hin? Schon zu Schulzeiten würde das auffallen. Wenn sie sich nicht konzentrieren kann – da kann sie nicht einfach die Hose ausziehen. Auch beim ersten Date. »Warte, ich bin nervös«, schwuppdiwupp, schnell die Pumps aus, die Strumpfhose aus, den Slip aus. »Ah, ja, besser …, so, was war dein Beruf, hattest du gesagt … das ist ja interessant …«

Nein, nein, das kann nicht so bleiben.

Sie isst am liebsten ihr Mittag kalt. Auch das würde schrullig wirken in späteren Jahren. »Ich hätte gerne die Tagliatelle mit Pfifferlingen, aber lassen Sie sie erst kalt werden.«

Das ginge vielleicht noch, aber ständig in die Hände klatschen beim Laufen, ebenso sich selbst über den Kopf streicheln und »Ei« sagen … Nein, das wäre zu ulkig.

Das hört schon wieder auf.

Die wachsen ja so schnell. Alle hatten es mir vorher gesagt … Jajajaja, habe ich da gedacht, aber wirklich, echt wahr, die wachsen wirklich so schnell. Ich zieh ihr was an, und beim ersten Wutanfall platzt ihr der Strampler vom Leib wie dem cholerischen Hulk. Dann läuft sie nicht grün an, sondern rot und brüllt. Dann kann sie ganze Autos hochheben mit ihren Superkräften. Spielzeugautos zwar nur, aber hey, sie kann greifen, das war doch die ersten Monate auch noch nicht mit auf der Festplatte. Im zweiten Monat wird doch nur gekuckt. Aber wie!

Kaum sind die Augen auf, fallen sie auch fast raus vor Verblüffung:

»BOAH, da ist ein … Boah. Und da ist auch ein … Boah … und da ist ein anderes … Und da … Boah … ein Boah … Toll. Ist das toll! Es existiert. Es existiert. Es existiert. Da ist noch eins. Da ist noch eins. Es existiert. DA! Boah. Ein Boah, ist das ein tolles Boah, es ist so … Boah, und aber auch … Boah. Ist das interessant. Ist das interessant. So ein interessantes. Ich bin müde.«

Augen zu.

Schlafende Babys sind wirklich, wirklich schön. Und Eltern von schlafenden Babys sind wirklich, wirklich blöde. Statt selber zu schlafen, stehen sie da und himmeln in das Bett rein.

Ich weiß nicht, warum das heißt, jemand schläft wie ein Baby? Verarschung!

Das Baby ist alle naselang wach, und das is 'ne kurze Nase, die das Baby hat.

Es wächst, es zahnt, es pupst, es hustet, es hat Schnupfen, es hat Angst, ist traurig, hungrig … und immer nachts. Was man sich früher die Nächte um die Ohren geschlagen hat, das macht man jetzt immer noch, aber die Musik ist anders. Von Gumzgumzgumz zu Lalelu.

Der Papa, im Gegensatz zum Baby, der schläft sehr gut durch. Der schläft wie ein Papa, müsste das Sprichwort heißen.

Der hilfreiche Dialog

Meine Mama hat uns eine CD geschenkt. Weil wir doch so gern streiten.

»Aber Mama«, sage ich, »das wäre doch nicht nötig gewesen. Sooo gern streiten wir auch wieder nicht. Es ist einfach ein nicht so teures Hobby von mir und Grischan.«

Mama erklärt, dass das eine CD ist gegen das Streiten. Nicht für. GEGEN.

Ich frage meine Mama, was sie dagegen hat, dass ich mit Grischan streite. Kann ihr doch wohl egal sein.

»Und überhaupt«, spitzfinde ich, »warum hast du denn nicht mit meinem Vater auch so was gemacht?«

»Weil es noch keine CDs gab«, sagt Mama. Außerdem, sagt sie, habe sie nicht mit meinem Vater gestritten. Sie habe einfach gar nicht mit ihm geredet.

»Aber wie habt ihr denn dann Sex gehabt? Ohne Streiten?«, frage ich.

»Na, gar nicht«, sagt sie. So, dann bin ich wohl vom Heiligen Geist. »Also, Krieg und Kopulation oder Frieden und frigide?«, fasse ich zusammen. »Willst du nicht noch ein Enkelchen? Wieso schenkst du uns dann die CD? Hm?«

»Nun reg dich mal nicht so auf«, sagt Mama.

Ich will irgendwas erwidern. Selber!, oder so. Ich sage: »Dafür ist meine Tochter niedlicher als deine.«

»Das stimmt«, sagt meine Mama.

Tja, Eigentor.

Als ich meine Mama frage, ob sie die CD gehört hat, prustet sie: »Ich streite ja nicht mit meiner Katze. Warum soll ich mir denn den Scheiß anhören? Macht ihr mal.«

Also hören wir die CD an. Grischan sieht nicht so begeistert aus. Kein Videoabend, sondern ein CD-Abend. Er sagt, er wisse nicht, wo er hinsehen soll. Also hängen wir einen leeren Bilderrahmen an die Wand und schauen in ihn hinein.

Eine Frauenstimme erklärt uns, wie Streit funktioniert – das wussten wir schon. Dann erklärt sie aber, wie der hilfreiche Dialog funktioniert. Das wussten wir noch nicht.

Der hilfreiche Dialog funktioniert ungefähr so:

»Wie sieht denn die Küche wieder aus? Verdammt noch mal, was hast du den ganzen Tag gemacht? Ich geh einkaufen, schlepp mich ab und denke, wenn ich nach Hause komme, du hast schon alles fürs Kochen vorbereitet, aber Pustekuchen …«

Der Partner hat darauf zu erwidern: »Du willst bestimmt mit der Frage ›Wie sieht denn die Küche aus?‹ deinem Unmut Ausdruck verleihen. Du fragst dich, wie ich meinen Tag verbracht habe, und willst mir von deinem Tag erzählen. Du wolltest gern mit mir gemeinsam ein Abendbrot bereiten. Nämlich Pustekuchen. Habe ich dich richtig verstanden?«

»Hast du 'nen Schaden? Ich hab's echt satt. Ich such jetzt mein Zeug zusammen und schlafe heute bei meiner Mutter.«

Der Partner hat daraufhin zu erwidern: »Du fragst mich, ob ich beschädigt bin. Des Weiteren hast du es satt und packst das Nötigste zusammen, um bei deiner Mutter zu nächtigen. Habe ich das richtig verstanden?«

»Ja, das hast du.«

Bumms, Tür zu.

»Du hast mit der Tür geknallt. Habe ich das richtig verstanden?«

Grischan und ich sind uns unsicher, ob uns das Spielchen helfen kann.

Beim nächsten Streit versucht Grischan, den hilfreichen Dialog anzuwenden: »Du hast also gesagt: FAUCH! Habe ich das richtig verstanden?«

Ich muss lachen. Der Streit ist beendet.

Wir versuchen spaßeshalber den hilfreichen Dialog im Bett. Hilfreich ist das nicht. »Du knetest meine Brüste. Habe ich das richtig verstanden?«

»Du greifst nach meinem Glied. Habe ICH das richtig verstanden?«

Das ist zwar ganz lustig, streiten tun wir trotzdem. Also hören wir noch die zweite CD aus der CD-Box.

Eine Frau, die uns ganz genau kennt, erzählt auf der zweiten CD unseren Alltag nach. Sie haben sogar unsere Streits aufgenommen und von Sprechern nachspielen lassen.

Es ist obernervig. Es ist noch viel nerviger, als selber zu streiten. Das Paar ist der absolute Hass. Er ist stur und uneinsichtig. Sie ist total zickig und redet zu schnell.

Grischan und ich haben danach tagelang keine Lust zu streiten.

Wir hören die CD ab da häufiger. Es ist, als ob wir jetzt streiten lassen. Wir haben das Ressort Disput outgesourct. Würde man in der FDP sagen.

Manchmal lassen wir die CD laut laufen, weil dann die Nachbarn denken, wir würden streiten. Wir gehen derweil schön vögeln. In unserm Haus ist es nicht peinlich zu streiten. Es ist peinlicher zu vögeln. Und wer laute Musik laufen hat, da weiß man auch gleich Bescheid. Vielleicht laufen in anderen Stadtteilen laut Vögel-CDs, während heimlich gestritten wird.

Tatsächlich hat uns die CD geholfen. Wir haben eigene Streitregeln aufgestellt.

Erstens:
Nach dem Streiten wird nicht mehr manchmal gevögelt, sondern immer. Gerade wenn man den anderen richtig scheiße findet, kann man also auf gar keinen Fall streiten, denn danach müsste man ja mit dem anderen vögeln. Also, hält man lieber die Klappe, wenn man den anderen hasst.

Das hilft.

Im Streit kommt es jetzt oft dazu, dass der andere sagt: »Was isn mit dir los? Willst du vögeln?«

Zweitens:
Beim Streiten werden immer die zwei lustigen Pandabärenmasken getragen.

Das hilft auch.

»Habt ihr die CD gehört?«, will meine Mutter wissen, als sie anruft.

»Du fragst mich, ob wir die CD gehört haben. Habe ich das richtig verstanden?«, frage ich zurück.

Meine Mutter kommt sich verklappst vor. »Willst du mich verklappsen?«

»Du möchtest erfahren, ob ich dich verklappsen möchte, habe ich dich richtig verstanden?«

Meine Mutter wird gereizt. Ich sage, dass ich ihr die CD borgen kann.

Anonyme Solitärspieler

Am Mittwochabend gehe ich immer zu den Anonymen Solitärspielern. Es ist immer was los. Vor ein paar Monaten zum Beispiel haben wir ein neues Mitglied aufgenommen. Als Mutprobe
musste er eine Runde Tetris durchstehen. Zur Belohnung durfte er danach noch Solitär spielen und wurde in unserem Kreis
aufgenommen. Der Neuling sagte: »Hallo, ich bin Gerd!« Wir
schauten ihn verblüfft an. Einer von uns sagte: »Wir sind die Anonymen Solitärspieler. Also anonym. Das tut uns leid, du musst
wieder gehen.« Gerd ging. Die Vorstellungsrunde lief nach den
uralten überlieferten Regeln für Anonyme Solitärspieler ab: Jeder
stellte sich vor mit dem Satz: »Hallo, ich bin irgendwer und spiele
gerne Solitär!« Die anderen sagten daraufhin: »Soso, Solitär!«
   Danach unterhielten wir uns über unsere Fortschritte. Jemand
behauptete, ich weiß seinen Namen nicht, er hätte über 9000
Punkte geschafft. Wir glaubten ihm nicht. Einer meinte, ich weiß
seinen Namen nicht, das ginge gar nicht, und so probierten wir
die ganze Sitzung über an drei Computern, ob das geht, aber
keiner kam bis 9000 Punkte. In das Protokoll schrieben wir unseren höchsten Punktestand und dass wir Konfrontationsübungen
gemacht haben. Solitärspielen, bis einem schlecht wird davon,
und dabei saufen. Am nächsten Tag sollten der Brummschädel
und die Übelkeit uns davon überzeugen, dass Solitär schlecht
für uns ist. Manchmal soffen wir auch nur und waren stolz, dass
wir gar nicht Solitär gespielt hatten. An dem darauffolgenden Tag
war einem trotzdem ekelhaft. Vielleicht waren das die Entzugs-
erscheinungen.
   Den Mittwoch darauf hatte dann irgendwer, ich weiß seinen
Namen nicht, ein wirklich hartes Problem. Er stellte sich vor:
»Hallo, ich bin irgendwer und spiele gerne Solitär!« »Soso, Solitär!«, brüllten wir im Chor, und derjenige sprach weiter: »Letzte
Woche hatte ich ein wirklich gutes Spiel. Alles lief gut, die Asse
kamen früh, die Könige konnten gut abgelegt werden, alles toll.«
Bei seiner Beschreibung reagierten wir unterschiedlich. Einer

begann zu zittern wie Parkinsonespenlaub, ein anderer jauchzte wie in den Po gekniffen, und mir lief der Sabber in Litern übers Kinn. Alle Asse früh und die Könige gut ablegen. Geil! Wir warteten gespannt, was jetzt kam. Gab es einen Stromausfall? Durch einen ähnlichen Unglücksmoment hatten wir schon ein Gruppenmitglied an den Selbstmord verloren. Ich weiß seinen Namen nicht. Auf seinem Grabstein stand »Solitot«.

Aber darum ging es nicht bei dem Bericht letzten Mittwoch. Der anonyme Solitärspieler hatte also dieses großartige Spiel, und dann legte er vom oberen Stapel eine Kreuz-Acht auf eine Herz-Neun, obwohl in einem der unteren Stapel auch eine schwarze Acht lag, die einen noch recht kleinen Haufen blockierte, in dem sich das letzte As befand. So was sind einfach kurze Unaufmerksamkeiten, wenn man siebzehn Stunden Solitär spielt, ohne etwas zu essen. Das kann schon mal vorkommen. Gott sei Dank gibt es aber die Rückgängigmachen-Funktion im Computerprogramm. Er wollte sein perfektes Spiel noch retten und auf »Spiel rückgängig« gehen, doch er erwischte die Funktion »Karten geben« und, schwupp, lagen komplett neu gemischte Karten da. Das kann man nicht wieder rückgängig machen. Wir jaulten alle auf. Oh, war das hart! Wir nahmen ihn in den Arm, und er stammelte immer wieder: »Ich hätte das Spiel auch ohne Rückgängigmachen gewonnen. Ich hätte auch ohne Rückgängigmachen gewonnen. So hab ich alles verloren. Alles!«

Wir tranken mehrere Biere, immer ein dunkles und ein helles im Wechsel, wie beim Solitär, immer Rot und Schwarz im Wechsel, und einer wurde philosophisch, ich weiß seinen Namen nicht. Er fand, dass das Fesselnde an Solitär sei, wie tiefgründig das Spiel ist. Wie alles passt, wenn es passt, und wie ausweglos manchmal alles ist, so wie das Leben. Und wenn es gut läuft und so eine Kettenreaktion anfängt, hier passt was und legt das frei, wo wieder das angelegt werden kann, und einige Stapel werden weniger und andere immer mehr. Und dann muss man nur noch sortieren, ganz leicht, dieser Moment, wenn man weiß, dass es gut geht, dass man nur noch schnell sein muss.

Wir stöhnten alle verzückt. Wie schön es sei, dass man, wenn es nicht gut läuft, einfach von vorne beginnen kann, wie ein neues Leben, einfach Karten neu geben und dann sehen, wie es läuft. Ob gleich die Asse frei liegen und wenn nicht, einfach neu Karten geben. Wenn das Leben auch so wäre, ja, wenn doch das Leben auch so wäre. Wir seufzten alle schwer und tief. Für einen Moment war uns die Wichtigkeit unseres Tuns wieder bewusst. Wir waren anonyme Solitärspieler und stolz darauf. Wir schauten uns an und wussten, was uns zusammenhielt, oh, wie wir sie hassten, diese unaufrichtigen Solitärspieler, die nur mit Eine-Karte-Ziehen spielten und die das süße Leid nicht kannten, wenn dort oben die dringend begehrte Pik-Zwei liegt, die eine solch wunderbare Kettenreaktion nach sich ziehen würde und die nur blockiert ist von einer Acht, die man nicht ablegen kann.

Wie wir sie hassten, die anderen Computerspieler, die Spiele spielten, in denen sich alles so schnell bewegte, die Sklaven der Moderne waren und unfähig, in einem scheinbar einfachen Kartenspiel eine Metapher für unser Sein zu sehen. All diese Egoshooter, die nicht an die Wiedergeburt glauben. Karten neu geben. Einfach Karten neu geben.

Wie wir es hassten, wenn der Computer einen kurzen Darstellungsfehler hatte und erst andere Karten oben offen legt, die der Kopf sofort einsortiert, und dann sind sie auf einmal weg. Wie uns das verwirrte und verärgerte. Wie wir es genossen, ein Spiel abzubrechen, von dem wir wussten, selbst wenn es beendet werden könnte, dass es keine hohe Punktzahl bringen würde. Wie entzückt wir jedes Mal waren, wenn die Karten froh hüpften, wenn wir gewonnen hatten. Und wie wir es liebten, einmal im Jahr ins Casino zu gehen und dort Solitär zu spielen. Wir schauten uns an. Jeder war sehr glücklich, und wir sprachen noch lange über das Leben und Solitär.

Dann sagte einer, ich weiß seinen Namen nicht, dass Solitär haargenau wie das Leben sei, so ganz genau deckungsgleich, dass man das Wort »wie« nicht brauchte. Solitär war Leben, und man sollte es mit lebendigen Menschen spielen. Da erst fiel uns auf, dass wir 54 Mitglieder waren und es 53 Karten gibt. Wir tranken noch jeder ein helles und ein dunkles Bier und zogen uns dann aus. Einer musste der Spielmaster sein. Keiner riss sich darum. Wir losten aus, und der Rest mischte sich wild und gründlich. Wir rannten umeinander herum und schlugen Purzelbäume. Wir schoben uns nah aneinander vorbei. Wie wir es liebten, Solitär zu spielen. Dann legten wir uns zu den Anfangshäufchen zurecht, und das Spiel begann. Stapel aufdecken, sagte der Spielmaster, und wir hörten ihn kaum. Der Stapel war sehr hoch und schwankte hin und her. Stapel aufdecken, rief der Spielmaster und zeigte mit dem Schwanz, welchen Stapel er meinte, den in der Ecke, auf dem ganz oben seine Frau lag, ich weiß ihren Namen nicht. Die drei oberen Karten waren mit den unteren Karten verhakt, und der Spielmaster musste ein drittes Mal rufen: »Stapel aufdecken!« Ein Kreuz-Bube konnte abgelegt werden und kam auf einen Stapel, der bedrohlich schwankte und erst zur Ruhe fand durch das Gewicht des Kreuz-Buben. Aber sie kamen nicht wirklich zur Ruhe, sie johlten und stöhnten. Wieder wurde vom oberen Stapel abgehoben. Ich war an der Reihe, und ich sagte: »Nein, nicht jetzt. Moment noch. Moment. Moment. Gleich.« Der Spielmaster hatte keine Geduld, und ich wurde als Herz-As allein abgelegt. Hoffentlich würde das nicht so lange dauern. Ich rief: »Los, spielt schneller!« »Nein, langsamer!«, riefen die großen Stapel.

Im Verlaufe des Spiels ergaben sich immer neue Häufchen, immer Mann und Frau abwechselnd. Die Frauen für Rot und die Männer für Schwarz. Wie wir es liebten, Solitär zu spielen. »Hallo Herz!«, hörte ich. »Gib's mir richtig hart, du As!«, hörte ich. Der Spielmaster versuchte, seine Ehefrau nicht abzulegen, das führte zu Stockungen im Verlauf. Aber das bemerkte kaum jemand, denn alle waren sehr mit Solitärspielen beschäftigt.

Unser erstes Spiel spielten wir nicht zu Ende, irgendwann fielen die Haufen doch um, und wir begannen gleich wieder, uns zu mischen. Der Spielmaster mischte sich gleich mit in das Kartenset, und als ein Mann nicht mehr konnte, machte der den neuen Spielmaster. Das Mischen machte am meisten Spaß. Oh, wie wir es liebten, Solitär zu spielen, diese vielen Möglichkeiten.

Jeden Mittwochabend gehe ich zu den Anonymen Solitärspielern. Und am Freitagabend habe ich eine Gruppe von Puzzlespielern. Ist Puzzeln nicht auch wie das Leben? Ich werde es das nächste Mal gleich erwähnen.

Männerversteherin II
Klischees auf dem Prüfstand

Männer leiden manchmal an mangelndem Romantikgefühl, beziehungsweise leiden die Frauen darunter. An dem mangelnden Romantikgefühl der Männer.

»Romantik bezeichnet eine kulturgeschichtliche Epoche, die vom Ende des 18. Jahrhunderts bis weit in das 19. Jahrhundert hinein dauerte und sich insbesondere auf den Gebieten der bildenden Kunst, der Literatur und der Musik äußerte.«

Also eine top-kulturelle Sache, das Ganze.

»Im heutigen, allgemeinen Sprachgebrauch bezeichnet der Begriff Romantik mit dem Adjektiv romantisch die Eigenschaft einer Sache oder eines Ereignisses, Menschen mit Liebe und Sehnsucht zu erfüllen.«

Also eine total alberne Sache, das Ganze.

Ich selbst bin liiert mit einem mittelromantischen Mann. Er macht gerne Kerzen an. Eigentlich kokelt er gerne. Er kann romantische Gefühle in Situationen haben, wo ich keine habe, hingegen keine in Situationen, wo ich dächte, romantische Gefühle wären dringend situationsbedingt zwingend geradezu erforderlich vorgeschrieben.

Als letztes Jahr Schnee in dicken Flocken vom Himmel stob, da lehnten wir aneinander Arm in Arm am Fenster zur Südseite – ich wohne ganz oben über der lärmenden Stadt, über mir wohnt nur Herr Himmel. Dunkelstblö spannte der Abend seine Schwingen über uns, um zum Nachtflug anzuheben – wir hatten den Tag über einen Stammstreit in mehrere Nebenstreits verästelt und bis in jedes kleine Zweiglein hineingestritten. Nun standen wir, des Uneins-Seins überdrüssig, beisammen, ich unter seinem Armdach – gereckt nach einem Kusse von seinen herrlich bartumstoppelten Lippen. Schön war's, und als es gerade schön war, sagte er »Zieh mal!« und hielt mir seinen kleinen Finger hin.

Ich hätte »Ich liebe dich« angemessener gefunden, aber gut – das ist nur meine Meinung, weil ich mit der romantisch eingefärbten Situation den romantisch eingefärbten Satz verbinde.

Sei es, weil es in Büchern so steht,
sei es, weil es in Filmen so geht,
sei es, weil es sich in Träumen darum dreht –
nach einem Streit wird »Ich liebe dich« gesagt.
Hätte in irgendeinem Buch gestanden »Zieh mal!«,
hätte jemals in irgendeinem Gedicht gestanden »Zieh mal!«,
hätte Clark Gable in »Vom Winde verweht« gesagt »Zieh mal!«,
hätte Patrick Swayze in »Dirty Dancing« gesagt »Zieh mal!«,
hätte Romeo zu seiner Julia gesagt »Zieh mal!«,
dann hätte ich »Zieh mal« »Ich liebe dich« vorgezogen.

Es hätte sich genauso gut »Zieh mal!« durchsetzen können als romantische Floskel der Verliebten.

Sie hätten mit »Zieh mal« ausgedrückt,
dass sie an einem Strang ziehen,
dass sie sich zueinander hingezogen fühlen,
dass sie sich nie wieder ziehen lassen,
dass sie gegenseitig ihre Gesichtszüge studieren wollen,
dass sie zusammen den Zug nach Süden nehmen wollen,
dass sie zusammenziehen wollen,
dass sie zusammen ein Kind großziehen wollen,
dass sie jeden Samstag zusammen die Lottoziehung sehen wollen,
dass sie sich immer wieder verzeihen wollen,
dass sie zusammen das Ziehharmonikaspielen lernen wollen …

Da ist man erstaunt, was in so einem schlichten »Zieh mal!« alles stecken kann.

So gesehen könnte »Zieh mal!« um Längen romantischer sein als die profane Information »Ich liebe dich«. Das hat keine Tiefe, keine Zukunftsaussicht …

Mir wäre es schon wichtig gewesen, den Moment schön zu gestalten – was bei Frauen oft heißt: in ihrem Sinne schön. Wenn es für den Mann aber nur möglich ist, den schönen Moment zu genießen, wenn er seinen Blähungen nachgeht, dann wäre es egoistisch, auf einem »Ich liebe dich« zu beharren und den anderen platzen zu lassen. Das kann ja nichts mit Liebe zu tun haben. Wenn die Bedürfnisse von beiden gleich wichtig sind, ist »Zieh mal« in dem Moment tatsächlich dringender als »Ich liebe dich«.

Wenn ihm sein »Zieh mal« genauso wichtig ist wie mir mein »Ich liebe dich«, dann mach ich eben »Zieh mal« und er danach »Ich liebe dich«. Theoretisch geht das so, in der Praxis versaut »Zieh mal« natürlich die Stimmung und die gute Luft.

Es ist eine berechtigte Frage, ob »Ich liebe dich« einen guten Boxkampf ebenso versauen würde wie »Zieh mal« einen romantischen Moment versaut.

Es ist logisch, dass Männer weniger romantisch sind. Sie haben häufiger Blähungen. »Zieh mal« kommt »Ich liebe dich« einfach in die Quere. Und wenn sie »Zieh mal« nicht aussprechen, aus Angst, die Frau werde, während sie »Ich liebe dich« ist, auf »Zieh mal« ganz schlecht reagieren, dann sind sie trotzdem nicht »Ich liebe dich«, sie sind nur unausgesprochen »Zieh mal«.

Ein weiterer Grund dafür, dass Männer weniger romantisch sind, ist, dass statistisch mehr Männer farbenblind sind als Frauen. Was bringt ein Sonnenuntergang in Grau? Das ist der Grund.

Die Kerzen der Frauen brennen warmgelb-rot, die Kerzen der Männer grau. Ihre Liebe ist heißrot, seine grau.

Ach, Romantik … heißt ja nicht umsonst Romantik. Is eher so ein Tick. So, wie ein Kleeblatt Glück bringen soll – eine einfache Wald-und-Wiesen-Mutation.

»Zieh mal« zeigt ein gutes Stück Weg. Wer so weit gekommen ist, hat etliche »Ich liebe dichs« hinter sich.

Und es heißt ja auch nicht Beliebung, sondern Beziehung.

Elternabend

Es gibt nichts, was einem so deutlich zeigt, dass man die Fronten gewechselt hat, wie der erste Elternabend, den man als Eltern antreten muss.

Bei Kitakindern fängt der ElternABEND 16.30 Uhr an. Richtig, das ist jetzt unser Abend, denn unser Morgen ist unsere Nacht von früher.

Wenn man früher Angst hatte, dass am Elternabend die Eltern nach Hause kommen und es Schimpfe gibt, hat man nun als Elternteil Angst hinzugehen, denn es gibt vielleicht auch Schimpfe.

Erst mal kamen wir zu spät. Grischan wollte unbedingt noch unten vor der Kita zu Ende rauchen, so wie früher zu seiner Kitazeit. »Wie in alten Zeiten«, sagte er.

Ich wurde auch nostalgisch und begann vor dem Erzieher, dem Basti, herumzustammeln, der Hund hätte unsere Uhr gefressen.

»Schon okay«, sagte Basti verständnisvoll, und ich wusste gleich, warum meine Tochter so von ihm schwärmte. Das tat sie, indem sie »Asti, asti« sang, stundenlang. Wenn sie ihn dann in der Kita sah, weinte sie sofort. Versteh einer die ganz kleinen Frauen.

Die anderen Eltern saßen schon auf den Zwergenstühlen, und es waren noch zwei frei. Ein ganz kleiner und ein noch kleinerer. Ich überließ Grischan großzügig den ganz kleinen, denn Grischan ist diese Art Mann, der mit großer Selbstverständlichkeit einen großen Bauch sein Eigen nennt, diesen niemals einzieht und der ihm bei dem Wort »Diät« liebevoll die Ohren zuhält. Kurz, er sah aus wie ein Bär auf 'nem Melkschemel.

»Schön, dass ihr so zahlreich erschienen seid und dass ihr eure Kinder zu Verwandten oder Freunden geben konntet«, begann Basti.

Ach, du Scheiße. Ich sah Grischan an. Wir hatten natürlich gestutzt, als wir die handgeschriebene Einladung zum Elternabend bekommen hatten …: »Damit wir konzentriert arbeiten können, gebt eure Kinder bitte bei Verwandten oder Fremden ab …«

Das sollte Freunde heißen, nicht Fremde! Niemals hätten wir uns gegen eine Anweisung von der Kita gewehrt. Die blinde Frau mit dem Papagei auf der Schulter, die jeden Tag an der Brücke am Kanal steht und das Ende der Herrschaft der Menschen voraussagt, schien aber doch sehr nett zu sein. Einen anderen Fremden hatten wir nicht gefunden, und selbst bei der blinden Frau mit dem Papagei auf der Schulter, die jeden Tag an der Brücke am Kanal steht und das Ende der Herrschaft der Menschen voraussagt, waren wir uns nicht sicher, ob sie fremd genug ist, denn wir hatten sie ja schon oft dort stehen sehen und rufen hören: »ES WIRD VORBEI SEIN. VORBEI. DU MENSCHLICHE SCHEISSE!«

Als wir Basti das lustige Missverständnis erzählten, lachte er gar nicht, niemand der Eltern lachte.

»War ein Scherz!«, sagte Grischan.

Da schaute Basti, als wäre ihm jetzt klar, wo unser Zwerg seinen Humor herhatte. Immerhin schlug sie sich im Moment gern Gegenstände an den Kopf und lachte.

Außerdem schien Basti zu bedauern, nicht auf die Elternabendeinladung geschrieben zu haben: »Damit wir konzentriert arbeiten können, gebt eure Kinder bitte bei Verwandten oder Freunden ab … und alle Scherzkekse bleiben zu Hause.«

Bevor wir weiter flachflachsen konnten, schlug Basti eine Vorstellungsrunde vor. Ich werde meistens schon bei dem Wort Vorstellungsrunde rot. Nicht mehr, weil ICH schüchtern bin, sondern weil Grischan NICHT schüchtern ist. Bitte, bitte, bitte, betete ich zum Schutzheiligen der Lebensgefährtinnen von drolligen Imbissbären, bitte lass ihn heut mal maulfaul sein … so wie zu Hause.

Erst mal sind aber die anderen dran:

»Ich bin die Mama von Hannah, die Hannah ist 14 Monate, zwei Wochen und drei Tage alt.«

»Ich bin der Papa von Hannah, und die Hannah ist 14 Monate, zwei Wochen und vier Tage alt.«

Strenge Blicke zwischen Hannahs Mama und Hannahs Papa.

Der Basti nickte und fragte: »Ja, aber wie heißt ihr denn?«

Grischan flüsterte: »Na ja, Mama von Hannah und Papa von Hannah.«

Grischan kann nicht gut leise flüstern, er flüstert eher so, wie man etwas Wichtiges im Text noch mit einem Leuchtstift unterstreicht. »Kuck mal, die Frau hat so einen langen Oberkörper wie du«, flüstert er zum Beispiel ganz laut im Bus.

»Ja, Grischan, das sagt man aber nicht.«

»Dass du einen langen Oberkörper hast?«

»Genau.«

»Oder dass die Frau einen …«

»Grischan, is gut jetzt.«

Ich muss das mal richtigstellen. Er is nicht behämmert, er ärgert mich nur gern.

Immer noch stand die Frage im Raum, wie die Mama von Hannah und der Papa von der Hannah heißen. Die Mama von Hannah und der Papa von der Hannah sehen sich kurz an. »Äh, Florian und Sabine.«

Und weiter ging die Vorstellungsrunde:

»Ich bin die Mama von Selma.«

»Ich bin auch die Mama von Selma.«

Und als wäre das nicht genug: »Ich bin auch die Mama von Selma.«

Ich wunderte mich über nichts mehr. Ob es einen Papa von Selma gibt, war mir egal.

»Der feine Herr Reagenzglas hatte heute wieder was Besseres zu tun«, sagte ungefragt die eine Mama von Selma.

»Üsch bine Jaques, der Pápá vom Flohbeer. Flohbeer üsch äh 13 Monat.«

»Ich bin die Ayla, die Mama von Merd.«

Da musste Jaques kurz lachen. Logisch. Er ist Franzose. Der Sohn von Ayla heißt Merd. Man stelle sich vor, man träfe wen, der behauptet, sein Sohn hieße Scheiß.

Grischan wollte mir was zuflüstern. Ich schüttelte panisch den Kopf.

Was ich eigentlich am lustigsten fand, ist, dass Jaques an dem Namen seines Sohnes nichts lustig fand. Ich meine Flohbär. Ein Flohbär. Hihi.

Grischan war dran. Er erzählte, wie seine Kindergartenzeit war, wie er mal eine halbe Stunde geweint hatte, wie gerne er auf dem Schaukelpferd geritten war und dass er gerade heute daran denken musste, weil an der Ecke Tempelherrenstraße/ Wilmsstraße ein Haus eingerüstet wird, was oft so gemacht wird, weil die Rüstungen dann über den Winter stehen gelassen werden und der Bauherr deshalb nichts bezahlen muss für die Fassadenarbeiten, weil der Rüstungsverleiher keinen Winterliegeplatz für die Rüstung bezahlen muss und eine Hand so die andere wäscht, genauso wie das im Kindergarten war, wenn man seine Vesperbrote an die großen Jungs gegen Minuten auf dem Schaukelpferd verkaufen konnte.

Er war fertig. Ich atmete erleichtert auf. Gut, er war heute maulfaul, Gott sei Dank.

Danach ging es endlich los mit den Tagesordnungspunkten.

Gar nicht so lange, und Themen wie Feng-Shui-Würste tauchten auf. Es sollte keine eckigen Würste geben, wurde beschlossen. Es sollte auch keinen Zucker geben, sagten die Mama und der Papa von der Hannah. Es sollte auch keinen Krieg geben, fand ich.

Grischan fraß die ganze Zeit die Kekse auf dem Tisch und nickte zu allem, was gesagt wurde. Dann fragte er, ob noch Cola da sei.

Als Nächstes erzählte Basti von dem Wellensittich im Gruppenraum unten. Leider würde der den halben Tag rufen: »Scheiße, Scheiße, Scheiße sagt man nicht.« Also müsse der Vogel weg, obwohl alle Kinder ihn lieben. Oder aber, so sagte Basti, irgendwer würde sich bereit erklären, dem Vogel das Wort Scheiße auch auf Kurdisch beizubringen, denn wie wir alle wüssten, ist dies eine deutsch-kurdische Kindertagesstätte, und wenn nicht alles in Deutsch und Kurdisch gesagt würde, könnte die Unterstützung vom Senat gestrichen werden.

Ayla erklärte sich bereit, dem Vogel Scheiße auf Kurdisch beizubringen, aber es gäbe 54 Wörter für Scheiße: Vogelscheiße,

Hundescheiße, Menschenscheiße, Kinderscheiße, Vogelkinder-
scheiße, Hundekinderscheiße, dünne Scheiße am Vormittag, dicke Scheiße am Nachmittag …

Wir einigten uns auf das Wort »durchschnittlich braune Kinderscheiße am Nachmittag«.

Danach gab es noch ein paar Fragen von den Mamas von
Selma:

Ob die Bäume unfallsicher sind, oder ob man sie absägen
kann.

Ob die Kastanien abgekocht werden oder regelmäßig ausgewechselt.

Ob der Sand gesiebt wird und der Stromzaun keine zu hohe
Voltzahl hat.

Ob die Windeln angewärmt werden und die Seife im Wasch-
raum weggeworfen wird, sobald sie eine Form erreicht hat, die
an einen Phallus erinnert.

Ob jemand darauf achtet, dass die Möhrensticks nie über
Kreuz liegen.

Ebenso, ob aufgepasst wird, dass Vanillekipferl und Zimtsterne
nie so liegen, dass die türkische Fahne entsteht.

Ob der Wutraum schallisoliert ist.

Ob bald Raucherpause ist.

Na ja, das Übliche halt.

Außenbezirk

Meine Mama wohnt in einem Außenbezirk von Berlin. Diese Ansammlungen von Hüttchen, wo Eltern untergebracht werden.

»Ich fahre dann wieder nach Berlin rein«, sage ich, wenn ich bei ihr zu Besuch bin und zu mir nach Hause aufbreche.

»Das hier IST Berlin«, sagt Mama dann.

Es ist nicht automatisch alles, was in etwas liegt, das, worin es liegt. Sonst wäre das Hühnchen in Pfeffer selber Pfeffer, und es hieße Pfeffer in Pfeffer. Nicht alles, was in Berlin liegt, ist Berlin. Die Morgenpost hat ja diese fragwürdige Reihe »Berlin ist, wenn …«, was nicht nur grammatikalisch als das Kind von Unfug und Blödheit erscheint. Nur mal ein ähnlich gebauter Vergleichssatz zum Vergleichen: »Hose ist, wenn man es an den Beinen hat.« Oder: »Mütze ist, wenn man es am Kopf hat.«

Aber Berlin ist natürlich auch, wenn die Zeitung der Berliner so reden tut wie die Berliner. Es tun. Es tun tun in dem Falle sogar. Dem Volk aufs Maul schaun. Schauen tun natürlich.

Sei es das legendäre Gehüpft oder das ebenso prominente Gesprungen, jedenfalls steht in dieser Kolumne NIE: »Berlin ist, wenn man aus dem Fenster schaut und man glaubt, man befindet sich in einem Foto, aber dann fällt Gott sei Dank ein Eichhörnchen vom Baum, weil es vor Lethargie vergessen hat, sich festzuhalten.«

Das ist hier nicht mehr Stadt. Das ist eine Kleingartenanlage mit zu großen Gärten. Das sind Zwei-Etagen-Datschen mit Hobbykeller. Ob SM ein Hobby ist, sei dahingestellt.

Es gibt hier einen einzigen Graffittiversuch an der Post. Es ist der Schriftzug »Doofmann«.

Wenn meine Mutter verreist, muss irgendjemand im Winter den Gehweg beräumen. Ich ziehe dann mit meinen Lieben raus. Kind, Mann, Hund. Wir spielen Urlaub. Wir sind in einem fremden Land. Es ist wunderschön. Zum Beispiel heißt das Land Mantusien. Der deutsche Name zur Zeit der Besatzung war

Schneewalde Herrmann. Das hören aber die Mantusianer nicht so gern, die auch eigentlich Mantusiesen heißen.

Man kann mit ihnen deutsch reden, aber sie haben damit Schwierigkeiten, nicht mit der Form so wie andere Völker. Eher mit dem Inhalt. Sie bekommen einfach keinen Inhalt in die deutsche Sprache. Immer nur Äpfel und Müllabfuhr.

Wir reisten mit leeren Mägen an, und meine Mutter hatte uns einen vollen Kühlschrank hinterlassen. Bald ist es andersherum, die Mägen sind voll, der Kühlschrank ist leer. Dann ist beides leer, und wir müssen einkaufen gehen. Der Mann muss den Schnee schippen. Der Hund muss wie bekloppt im Schnee herumhüpfen. Jeder hat seine Aufgaben. Ich muss also einholen gehen. Ich mummel das Kind wie ein Eskimopaket ein und binde das Paket auf dem Schlitten fest. Ich nehme nicht den Kinderwagen mit, denn alle hundert Meter haben mich Mantusianer angesprochen: »Da müsste man Kufen ranmachen!« An jeder Ecke: »Da könnte man Kufen ranmachen. Da müsste es so Kufen geben. Kufen wären gut.«

Ein Schlitten hat Kufen. Aus die Maus. Vorbei, Hammerhai.

Oben aus dem Eskimopaket schaut eine kleine rote Nase raus. Dann ziehen wir hinaus in diese abenteuerliche Fremde. Diesen Kleinstadtdschungel.

Es ist ein trüber Morgen. So einer, wo man sich nicht vorstellen kann, dass es etwas Buntes, Lautes wie Papageien gibt oder dass irgendwo Papayas wachsen. Ein einziges Weiß-Weiß-Weiß. Jedes Häuschen mit beleuchteter Weihnachtsdeko sieht selbst aus wie Weihnachtsdeko. Käme ein Riese, er würde die Häuschen pflücken und an seinen riesigen Weihnachtsbaum hängen.

Der Schnee fällt so leise, dass leise schon zu laut ist. Tonlos rieselt der Schnee, tonlos und bewegungslos liegt der See. So singt man das Lied hier. Ach, man singt es nicht. Man schreibt es auf ein Stück Papier, jeder in der Familie für sich, und dann hält man es Heiligabend gemeinsam hoch. Zu Silvester flüstert man sich: »Schhhhhhhhhht, bumm« ins Ohr und starrt zu den

Sternen hinauf, als wären sie Raketen, die nicht wieder herunterkommen.

So still ist es in Mantusien. Die Schlittenkufen zischen. Mein Kind meditiert mithilfe des Mantras vom heiligen und einzigen Gagagag.

Doch plötzlich kommt Bewegung in die Häuschen. Anorakstoff pfeift. Lederjacken knarren. Es ist, als ob man am Weihnachtskalender alle Türchen gleichzeitig öffnet. Die Hausherren treten in ihren Garten hinaus. Mit ihnen entweichen Katzen und Hunde. Der Garten wird markiert. Meins. Meins. Auch meins.

Die Hausherren grüßen zu beiden Seiten. Ein minimalistisches Ballettstück. An Anmut und Musik arm, aber Choreografie und Idee: top! Das Räumen kann beginnen. Schneeschieber schrupsen. Hartborstige Besen krapsen.

Wo ich mit meinem Schlitten vorbeiziehe, grüße ich. »Seid gegrüßt, ich würde gern passieren und freue mich über euren frühen Fleiß, der uns allen zugutekommt«, heißt auf Mantusianisch »'n Tach!«.

Hinter den Zäunen bellen sich die Schoßwölfe in Rage. Wie »nur spielen« sehen sie nicht aus. Die meinen es ernst. Nur einer der Hunde trägt einen völlig zerkauten Plüschhasen zum Zaun und legt ihn vor sich ab. Dann schaut er mit seinen braunen Bettelaugen, dass man heulen könnte. Bütte, bütte, wirf einmal den Hasen. Büüüütte!

Gott sei Dank hab ich selber einen Hund, sonst käme ich hier nie wieder weg.

Wohlbehalten komme ich mit Kind am Supermarkt an, der heute so voll ist, dass sie von den sechs Kassen zwei öffnen mussten, um des Andrangs Herr zu werden. Fast wäre es so weit gekommen, dass jemand freundlich: »Was dauert denn da so lange?« gerufen hätte.

An der Kasse registriere ich etliche Kleinsteinkäufe. Es liegen mehr Warentrennerbarren auf dem Band als Produkte. Vor mir steht ein Mann, der eine Leberwurst erwerben möchte. Hinter mir steht eine Frau, die sich aus dem reichhaltigen Warenangebot eine Zitrone und zwei Joghurt gepickt hat. Hinter dieser Frau ein Vater mit Kind: eine Avocado und ein Duplo. Warentrenner, Kaugummi, Warentrenner, Warentrenner, Warentrenner, eine leere Flasche wegen Flaschenpfand, Warentrenner.

Mein Einkauf ist dagegen gigantisch. Das Piepsgerät piept bei mir sehr oft. Mein Einkauf ist ein zensierter Raptext, der gar nicht mehr aufhört zu piepsen.

Heimwärts stellt sich der Schlitten als das gänzlich falsche Gefährt für den Winter heraus. Dabei hatte ich angenommen, das passt einigermaßen: Schlitten und Winter.

Einige Gehwege sind nach der Räumung blitzeblank. Als hätte es nicht geschneit an dieser Stelle.

Wollt ihr die totale Räumung? Jaaaa!

Was sind das denn für Streber? Wollen die ein Bienchen? Im WINTER? Ein BIENCHEN? Hauptsache, ein bisschen länger als nötig auf dem Gehweg herumhängen, damit man mehr Nachbarn abfangen kann, um sie in ein Gespräch über Äpfel und Müllabfuhr zu verwickeln?

Ist die Ehe so dermaßen gescheitert? Lieber draußen als drinnen sein? Egal bei welchem Wetter? Hauptsache, nicht in einem Haus zusammengepfercht sein?

Des Rätsels Lösung ist: Ab diesem Jahr besagt die Pipaputzordnung für Häuslemäusle, dass die Gehwegplatten zu sehen sein müssen. Genug poröse Knochen in adipösen Körpern sind gebrochen letztes Jahr, durch Stürze auf schlechten Räumungen. Wer nicht blitzeblank putzt, bekommt eine Geldstrafe.

Einige müssen räumen und räumen eben. Andere haben ihre Freude an der gesteigerten Schneeräumverordnung, denn ameisenfleißig können sie draußen umherlaufen und mit einem Schmetterlingsnetz Schneeflocken haschen, noch bevor sie auf den Gehweg fallen. DIESER GEHWEG WURDE VON KEINER SCHNEEFLOCKE BERÜHRT!

Schlitten jedenfalls, Schlitten sind nichts mehr für den Winter. Ständig sprechen mich Mantusianer an: »Da müsste man Räder untendran machen. Räder wären gut«, und sie zeigen auf meinen Schlitten.

»Schnee«, sage ich, »Schnee müsste da drunter.«

Nach zwei weiteren Tagen in Mantusien finde ich die Antwort auf das Rätsel der Kleinstkäufe. In mir selbst finde ich die.

Es gibt eben nichts anderes zu tun. Schneeräumen und dann Einkaufen. Hoffen, dass es wieder schneit, und hoffen, dass man es schafft, genug aufzuessen, um am nächsten Tag irgendetwas einkaufen zu gehen. Sonst müsste man einfach so in der Siedlung herumlaufen, wie ein Verrückter, ohne Plan und Verstand.

Ich gehe extra die Enten am zugefrorenen Dorfteich füttern, damit ich neues Brot kaufen gehen kann. Ich muss des Wahnsinns fette Beute gewesen sein. Ich habe zwei Brote gekauft. Das reicht doch noch tagelang. Die Enten wollten das Brot nicht. Überall am Dorfteich liegt Brot von gelangweilten Mantusianern, die einkaufen gehen wollen.

Ich gehe ein bisschen zum Drogeriemarkt und besprühe mich mit Testdeos. Am nächsten Tag wickel ich das Kind so oft, bis die Windeln alle sind. Am übernächsten Tag räume ich den Gehweg vor dem Haus blitzeblank. Mit Handfeger. Gott sei Dank muss ich den Handfeger erst kaufen gehen.

Am überübernächsten Tag zeige ich die Nachbarn zur rechten Seite an, denn sie haben zwar geräumt und die Fläche auch mit Streumitteln abgestumpft, aber es gibt eine Stelle, da liegen die Streumittel so weit auseinander, dass ein Kinderfuß dazwischenpasst. Was ist, wenn mein Kind ausrutscht?

So wird man hier.

Kurz bevor ich für immer hier bleiben will, schafft es mein Mann, mich da rauszuholen. In Kreuzberg erhole ich mich schnell.

Mutter zweier Söhne

Ich wollte immer Kinder haben. Wenn ich darüber nachdenke, warum ich das wollte, schneit es in meinem Kopf, und es bleibt eine weiße Fläche. Vielleicht habe ich einmal in meinem Leben im Bus neben einem Kind gesessen, das seine wundervollen zehn Minuten hatte und darum niedlich und lieb war. Und dann wollte ich auch so was. Ich war ja selber noch ein Kind, als ich mit 17 die Bengels bekommen habe, was wusste ich denn schon: Eis schmeckt kalt, Schule ist lang, Familie ein großartiges Spiel. Ich habe es mir eben schön vorgestellt.

Ich wollte lieber einen Sohn haben. Woher nun wieder diese Eingebung kam, weiß ich auch nicht mehr. Weil ein Sohn 'ne Vorhautverengung kriegt? Ich habe es mir eben schön vorgestellt. Einen Strubbelkopf, einen Frechdachs, einen Hanskuckindieluft mit Locken. Aber das ist wie mit jungen Katzen, natürlich sind sie süß, vor allem in Kalendern: Sie hängen an Wäscheleinen, sie beißen in Adventsschmuck, sie haschen nach Federpüscheln. Aber wenn man sich dann eine junge Katze in die Wohnung holt, zerlegt die ratzfatz alles. Kleine Katzen sind Wildtiere, sie gehören nicht in die Wohnung, Söhne auch nicht. Ich hab zweieiige Zwillinge bekommen. Zweimal Vorhautverengung.

Ich wollte, um ehrlich zu sein, lieber einen Sohn, weil ich mich in zwei Namen verliebt hatte: Marti und Melvin. Ich konnte mich nie entscheiden, welchen der Namen ich besser finde. Dann fand ich Andreas gut, aber nicht den Namen, sondern den ganzen Andreas, und der fand mich gut, und wir fanden uns gegenseitig so dermaßen gut, dass wir zwei Kinder zeugten, nicht mutwillig, eher so als Nebeneffekt. Da konnte ich dann beide Namen vergeben, Marti und Melvin, M und M. Es war perfekt. Für einen kurzen Moment war alles voller Zuckerguss, dann fingen Marti und Melvin an, stereo zu schreien, und haben damit eigentlich nie wieder aufgehört.

Theoretisch sind zwei junge Katzen ja noch süßer als nur eine, doppelt so süß. Es ist aber auch doppelt so viel Scheiße,

Geschrei, Gequengel, Gesabber und Unfug. Und Streitereien, die einer allein gar nicht anfangen könnte. M und M konnten noch nicht sprechen, aber sich auf den Kopf hauen. Sie konnten noch nicht laufen, aber dem Bruder die Windel ausziehen. Das war 'ne Sauerei auf dem Teppich, den die Schwiegereltern zur Hochzeit geschenkt hatten. Aber richtig schön war der Teppich sowieso nicht. Da hatte ich die Jungs richtig lieb. Ich hatte sie auch immer richtig lieb, wenn sie schliefen. »Gute Nacht, Melvin, gute Nacht, Marti«, sagte ich die zwei wundervollen Namen und streichelte die zwei wundervollen stillen Kinder.

Kaum dass die wundervollen Kinder mit den wundervollen Namen sprechen konnten, stritten sie täglich, welcher der beiden Namen das üblere Übel sei. Marti fand seinen Namen ätzender, weil er immer sagen musste, er heiße Martin, aber ohne n. Melvin beschwerte sich, weil seine Freunde Melle zu ihm sagten, was ja wohl wie die Kurzform von Melanie klänge. Ich hieß, seit die beiden da waren, Mutti. Das ist nun wirklich ein blöder Name.

Jetzt sind sie 15 Jahre alt. Ich habe sie groß bekommen, ohne aufzuhören, sie zu lieben. Respekt, Mutti! Anerkennung und Hochachtung, Mutti! Ich liebe sie immer noch, trotz dass sie bei meinem Wollkleid die Schere angesetzt haben (mit 7), dasselbe bei ihren Haaren (mit 8, 9 und 13), trotz dass sie eines Tages nach der Schule mit den Fahrrädern nach Frankreich fahren wollten (mit 10), um dort ein Kondom zu kaufen und es über ein Baguette zu ziehen. Abends wurden sie von einem Polizisten aus der Nachbarstadt gebracht. Was waren sie stolz!!! Und mein Mann war auch stolz: zehn Kilometer mit den Klapprädern, seine Jungs. Ich habe auch nicht aufgehört, meinen Mann zu lieben, dafür hefte ich mir auch einen Orden an die Brust, gleich neben den anderen, der mich dafür lobpreist, dass ich die beiden Nachkommen, meine M und Ms, Mutterquäler und Mutterquäler, nie geschlagen habe, trotz dass sie meinen Schmuck verschluckt haben (mit 5), trotz dass sie versucht haben, an der Schrankwand einen Jesus am Kreuz zu schnitzen, obwohl wir nicht gläubig sind, und selbst wenn wir es gewesen wären, sah es doch nicht gut aus, der Jesus mit dem nackten Puller neben der Glasvitrine, deren Scheiben sie auch kaputt bekommen haben (Rolle vorwärts mit 12).

Inzwischen machen sie weniger kaputt, nur mich, weil mir das Verständnis dafür fehlt, warum sie rumlaufen müssen, als hätten wir kein Geld für passende Hosen. Warum müssen ihre Nieren immer frei in der Winterluft hängen? Nur, damit ihre karierte Unterhose zu sehen ist? Ich mache ihnen einen Vorschlag: »Zieht euch doch ein T-Shirt an, auf dem steht, dass ihr 'ne karierte Unterhose anhabt.« Sie lachen und sagen Sätze wie: »Alle machen das. Ja, Mutti, und wenn alle aus dem Fenster springen würden, würden wir es auch machen, aber das macht ja Gott sei Dank keiner!«

Scheiße, denk ich, wenn die nicht so pfiffig darin wären, so dermaßen blöd zu sein.

»Du bist doch die beste Mutti, die wir haben«, sagen sie, und ich gehe ihnen auf den Leim. Sie küssen mich stereo. Sie sind echte Flegelfälle. Im Moment liegen sie auf dem Sofa und ziehen ihre Socken halb aus, sodass sie wie altmodische Schlafmützen gerade noch so an den Zehen hängen, dann wackeln sie mit den Füßen und beömmeln sich. Sie rufen mit ihren tiefen Stimmen nach mir, weil der Weg in die Küche viel zu weit ist, um zu mir zu kommen. Erst ruft Marvin: »Mutti!«, dann ruft Marti: »Mutti!« »Ja, Sohn!«, sage ich dann. Ich hätte sie beide Jason nennen sollen.

»Mutti, wann gibt's Abendbrot?« Das wollen sie nur wissen, damit sie mit ihrem Kumpelhaufen am Handy abkaspern können, wann Treffpunkt Schulhof angesagt ist. Je schneller, je besser. Dass Zusammen-Abendbrotessen sein muss, das haben sie eingesehen, sonst gibt's kein Taschengeld, aber man kann ja auch schnell essen und dann »ssssss« weg, die coolen, zu dünnen Jacken an, die Zigaretten eingesteckt und dann rein ins Ghettoleben.

»Schlingt doch nicht so!«, sage ich ständig zu den beiden, aber mein Mann schlingt genauso. Ich bin die Einzige in der Familie, die langsam isst, weil ich dabei rede.

»Mutti, nicht reden beim Essen!«, erziehen mich die Jungs, nur damit ich schneller esse und sie zu ihrer Clique zischen können.

»Clique sagt man nicht mehr«, sagt mein Mann.

»Korrekt, der Herr Vater«, sagt Marti.

»Müsst ihr denn sofort weg?«, frage ich, als sie unterm Tisch mit den elend langen Beinen wippen, weil ich sie zwinge, sitzen zu bleiben, bis ich aufgegessen habe.

»Na, wenn wir hier nicht rauchen dürfen!«, sagt Marti.

»Und Zigarette danach muss schon sein«, sagt Melvin.

»Was macht ihr denn jeden Abend auf dem Schulhof?«, frage ich sie.

»Sie chillen und checken«, sagt mir mein Mann die geheimen Parolen für den Eintritt ins Land Cool. Er hat immer den Eindruck, er könne sich mit den Jungs verbrüdern, da sie aber schon jeweils einen Bruder haben, wollen sie meinen Mann lieber als Vater und lachen kollernd.

»Korrekt, der Vati«, sagt Marti. Melvin nickt. Mein Mann freut sich.

»Also, ihr sitzt da und wartet, dass was passiert. Passiert manchmal was?«, frage ich.

»Mutti, du sollst nicht reden beim Essen.« Natürlich esse ich extra langsam, damit sie nicht gleich losdüsen können. Das sind meine Söhne, ich habe sie unter Schmerzen, blabla, ich will mit ihnen abends reden.

»Ob was passiert, hängt davon ab, ob was passiert.« Melvin ist der größere Phrasendreschflegel von beiden. Marti sagt: »Melvin labert«, darum hat Melvin auch gute Noten in den »Laberfächern«, wie Marti sagt: Deutsch, Geschichte, PW. Melvin weiß immer einen Satz, der klingt, als ob er etwas beinhaltet. Seine Kumpels halten ihn für einen Weisen, weil er sagt: »Keine Gewalt ist auch keine Lösung, aber keine Gewalt ist keine Lösung ist auch keine Lösung.« Er lässt sich Melvino Veritas nennen, und seine Kumpels nicken und nicken und nicken, nur Marti weiß, dass Melvin gedengeltes Blech redet. Als ich Melvin gesagt habe, er dürfe sich nicht tätowieren lassen vor seinem

18. Lebensjahr – und auch dann nicht, weil er sich nicht so verschandeln soll, wie sieht das denn aus? –, da hat er geantwortet, dass man nur mit dem Herzen gut sieht und das Wesentliche für die Augen unsichtbar ist.

»Ja, ja, kleiner Prinz«, habe ich gesagt und wollte ihm über den Kopf streicheln, aber er ist so groß, außerdem ist sein Haar gegelt, da darf ich nicht anfassen. Diese Gockel. Neuerdings haben sie silberne Armbänder. Auf dem von Marti steht eingraviert Martini. Sie haben sich mit ihren Namen arrangiert und daraus für sie schmissigere Namen gemacht.

»Schmissig sagt man nicht mehr«, hat mir mein Mann vor ein paar Tagen erklärt und zu den Jungs gekuckt, ob sie ihn jetzt toll finden.

»Doch, das sagt man wieder«, hat ihn Marti aufgeklärt.

»Schmissig ist wieder schmissig«, sagte Melvin dazu.

Ich esse auf, und noch bevor ich den letzten Bissen runtergeschluckt habe, springen die beiden auf und eilen in Richtung Küchentür.

»Halt!«, ruf ich. Sie bleiben in ihrer Fluchtbewegung erstarrt, und Marti fällt fast um, wackelt auf einem Bein. Mein Mann lacht.

Ich ordne an: »Ihr seid um neun zu Hause. Einer räumt nachher die Geschirrspülmaschine aus, und einer von euch muss Oma einen Brief schreiben und sich für das Geld bedanken.«

»A.S. Neil hat geschrieben, dass man Kinder zu nichts zwingen darf«, sagt Marti.

»Und du hast letztens gesagt, du wärst kein Kind mehr«, sage ich. »Außerdem: Seit wann liest du denn?«

»Ich nicht, aber meine Freundin.« Marti grinst. Mein Mann klatscht in die Hände.

Ich will fragen, wie die Freundin heißt, wie alt sie ist, ob sie aus seiner Klasse ist, seit wann er eine Freundin hat, warum er vorher nichts erzählt hat …, aber sie stehen immer noch wie das Standbild »Auf der Flucht« in der Küchentür und Marti auf einem Bein.

Melvin sagt: »Und sie hat 'ne Schwester.«

Ich wedel mit der Hand, dass sie losdürfen, obwohl ich wissen will, ob Melvin in die Schwester verliebt ist, wie die heißt, ob sie ihn auch mag, ob sie älter oder jünger ist, ob das etwa Zwillings-schwestern sind.

Die Wohnungstür fällt ins Schloss, und mein Mann sagt: »'ne Freundin, kiek an.«

Ich setze mich auf den Schoß von Andreas. »Wollen wir mal 'ne Tochter probieren?«, frage ich. Ich verspreche mir von diesem Vorschlag erst mal Sex, und außerdem mag ich die Namen Maja und Nina. Mein Mann schnurrt: »Ja, gerne« und küsst, wo er trifft, dann fügt er hinzu: »Aber lass uns die Tochter mit Verhütung machen. Eigentlich finde ich es gut, dass die Jungs groß sind. Bald ziehen sie aus!«

Wir machen aus der Küche ein prima Filmset, und danach wische ich ein bisschen Sperma von der Spülmaschine, damit die Jungs kein Trauma kriegen, wo sie doch bis jetzt recht gut gelungen sind. Eigentlich ist es wirklich schön, dass sie groß sind und bald ausziehen, aber irgendwie haben Andreas und ich das Kondom vergessen, genau wie beim ersten Mal.

Liebeserklärung
Trotz grauem Star ist alles klar

Jetzt liegst du neben mir, so wie immer, so tief im Schlaf, so lange schon, dass ich dich schon bald nicht mehr empfinde. Du bist mehr ich als ich, weil ich mich immer mal vergesse, deinetwegen. In normalen und in beschissenen Zeiten bist du mein Hauptaufreger. Ich kann mir die Platze ärgern über Schuhe im Flur, über Geschirr, das du falsch einsortierst. Du regst mich auf. Ich halte dir einiges vor und Standpauken, und du änderst dich nicht. Das regt mich auf. Mich regt aber auch dein Körper auf, der alte welke Blumenstrauß, den du mir blühend vor 60 Jahren zur Verfügung gestellt hast.

Was war das für ein herrlicher Körper, ein riesengroßer Körper, mit dem du mir alle Falten aus dem Leib gebügelt hast. Jetzt hab ich sie doch – die Falten.

Wir schlafen nicht mehr miteinander. Wir schlafen nebeneinander. Ich habe gerne mit dir geschlafen, die Kinder gezeugt, Geräusche gemacht, die Brustwarzen hart zum Glasschneiden.

Jetzt liegst du neben mir. Du schnarchst, wie mein Opa geschnarcht hat. Du schnarchst wie ein alter Mann. Du bist ein alter Mann.

Wir haben romantisch nachgeplappert, was alle so sagten, dass wir zusammen alt werden wollen. Natürlich wollten wir nicht alt werden, abwarten, welche Funktionen als Nächstes ausfallen, den Körper warten wie ein altes Auto, die TÜV-Plakette vom Arzt holen. Immer mit der mehrfachen Ermahnung, genug zu trinken, nur noch ausgetrocknete Frucht. Wir wollten nicht alt werden, aber da wir mussten, wenigstens zusammen. Zum Trost morgens am pigmentierten Faltenüberwurf des Liebsten ziehen und sagen: »Da wächst du noch rein« oder die Gebisse in Weinbrand legen über Nacht und sich morgens angrinsen.

Es ist nicht romantisch am Ende. Kein Schaukelstuhl. Kein Dackel. Zusammen sind wir ein funktionierender Mensch, weil bei jedem andere Organe ausgestiegen sind.

»Tschüss, ich geh«, sagt die Niere. »Ich bleib noch 'n biss-schen«, das Herz.

Lass uns noch ein bisschen bleiben, mein Herz, mein Mann. Lass uns einen Rock'n'Roll-Tod sterben. Bis zum bitteren Ende, mit Rollstuhl und Wundliegen.

Du bist mein Mann. Ich habe es von Anfang an gewusst – du bist mein Mann. Du hast ein bisschen länger gebraucht, aber ich hatte zu viele Liebesfilme gesehen, um aufzugeben. Die haben sich immer gekriegt. Ich hab dich gekriegt und auch behalten, als du gar nicht so warst, wie ich dachte. Du bist mein Mann.

Wir haben in der Mitte gepasst und uns lange Leinen gelassen, bis wir uns stützen mussten zum Gehen. Dann haben wir uns in die Einhenkelposition begeben und Schulkinder erschreckt. Spaß macht mit über 80 auch nicht mehr so viel Spaß. Ich puller mir ein, wenn ich lache. Wenn du dann darüber lachst, musst du auch pullern. Das können wir machen, bis der Schnee gelb ist. Dann ermahnen wir uns gegenseitig, genug zu trinken. Du bist mein Mann.

Du liegst neben mir, und ich bin froh, dass du schnarchst, damit ich nicht ständig nach deinem Puls fassen muss. Alles hat sich anders geändert, als man dachte, dass es sich ändert. Ich wäre nie wieder so eifersüchtig wie mit Mitte 20. Diese ganzen Frauen, die dich mochten. Ich würde dir heutzutage ganz grundsätzlich Sex verbieten, weil ich Angst um deinen Herzschlag hätte. Du warst ein großartiger Liebhaber. Dein Schwanz will überhaupt nichts mehr, außer in Ruhe gelassen zu werden und fernzusehen.

»Steck ihn in die Hose!«, sag ich zu dir. »Dem Nachrichtensprecher fallen die Augen raus.«

»Nein, er soll sich bilden«, sagst du.

Du bist dasselbe Schwein wie immer. Du pupst, weil ich fast du bin. Du rülpst, weil ich dich sowieso liebe. Ich liebe dich, aber du regst mich auf. Du warst ein Schwein, und du bist ein Schwein – aber du bist mein Schwein, und ich liebe dich. Sogar für immer. Das kann ich dir versprechen. Die paar Wochen noch.

Mohrrübe

Zu meinem 30. Geburtstag habe ich von zwei Personen, die sich nicht abgesprochen hatten, jeweils eine Mohrrübe geschenkt bekommen. Es gibt also zwei Menschen, denen Folgendes einfällt, wenn sie an mich denken: Mohrrübe. Da habe ich mich gefragt, ob ich seltsam bin vielleicht. Nein, das kann ich mir nicht vorstellen. Das hätte ich doch schon mitbekommen, wenn ich seltsam wäre. Eine Freundin von mir hat mal einen Kohlrabi zum Geburtstag bekommen. Die hat sich danach nicht gefragt, ob sie vielleicht seltsam ist, weil sie einen Kohlrabi geschenkt bekommen hat. Sie hat sich vielmehr gefragt, ob ich seltsam bin vielleicht, denn ich habe ihr den Kohlrabi geschenkt.

Die Mohrrübe kam in meinem Zusammenhang, weil in einem Text von mir eine Mohrrübe auftaucht. Um den Kohl mit der Mohrrübe jetzt mal fett zu machen, schreibe ich einen Text, der anhand der Mohrrübe die Welt erklärt. Dann bekomme ich zum nächsten Geburtstag bestimmt mehr als zwei Mohrrüben.

Was ist eine Mohrrübe?
Ein Apfel in Gurkenform, aber in Orange und schmeckt ganz anders.
Was isst eine Mohrrübe?
Das heißt:»Wer isst eine Mohrrübe?« Das ist einfach zu beantworten. Es isst der eine Mohrrübe, der eine Mohrrübe isst, das kann jeder sein. Als einzige Bedingung besteht, dass derjenige eine Mohrrübe isst. Die Mohrrübe ist ein ganz und gar unelitäres Gemüse.
Was ist Duplo?
Für andere ist es die braunste Mohrrübe der Welt.
Was ist die Welt?
Eine Mohrrübe im All.
Was ist Religion?
Anzuzweifeln, dass die Welt nur eine Mohrrübe im All ist.
Was ist Gott?

Die größte Mohrrübe, vermutlich in einer anderen Form als einer Mohrrübe, aber genau kann man das nicht wissen.

Was ist Blasphemie?

Zu behaupten, Gott wäre eine Mohrrübe.

Was ist Kitsch?

Die Mohrrübe mit wunderschönen Dingen zu vergleichen, die über das pure Wesen der Mohrrübe hinausgehen.

Was ist Liebe?

Sich sicher zu sein, dass die Mohrrübe mehr ist als das, was nur ihr pures Wesen ist.

Was ist Sexualität?

In der Mohrrübe etwas Eindeutiges zu sehen, was die Mohrrübe eindeutig nicht ist.

Was ist Pornografie?

Die Mohrrübe zu etwas benutzen, wofür die Mohrrübe nicht vorgesehen ist.

Was sagt Freud?

Manchmal ist eine Mohrrübe auch nur eine Mohrrübe.

Was ist Neugierde?

Seine Mohrrübe überall reinstecken.

Was ist Evolution?

Zu behaupten, die Mohrrübe stamme von der Banane ab.

Was ist die Schöpfungsgeschichte?

Der Herr sprach, es werde Mohrrübe, und es war Mohrrübe, und darum sollst du dir keine Rübe machen, ob die Mohrrübe nicht doch von der Banane abstammt.

Wie funktioniert Lamarck?

Die Mohrrübe war eckig und hat sich so lange gestreckt, bis sie lang war.

Wie funktioniert Darwin?

Die eckigen Mohrrüben sind ausgestorben. Es gab sie noch eine Zeit lang als Galapagosrübe.

Was ist Materialismus?

Die Mohrrübe zu irgendetwas benutzen zu wollen.

Was ist Krieg?

Die Mohrrübe gegen jemanden zu wenden.

Was ist Frieden?
Die Mohrrübe zu teilen.
Was sind Kinder?
Kleine Mohrrüben.
Was sind Eltern?
Gärtner, die Mohrrüben anbauen.
Was sind Frauen?
Die Mohrrübe.
Was sind Männer?
Der Mohrrübe.
Was sind Fremdsprachen?
Karotte.
Was ist Marktwirtschaft?
Die Mohrrübe billig zu kaufen und teuer zu verkaufen.
Was ist Kapitalismus?
Die Mohrrübe noch billiger aus einem anderen Land einzukaufen und noch teurer in ein ganz anderes Land weiterzuverkaufen.
Was ist Globalisierung?
Jemanden aus einem fernen Land billig einzustellen, der einem Mohrrüben aus einem anderen fernen Land kauft, ihn die Mohrrüben teuer in ein ganz anderes fernes Land verkaufen zu lassen und ihn dann zu entlassen, um sich daran eine goldene Mohrrübe zu verdienen.
Was ist Luxus?
Mehr Mohrrüben zu besitzen, als man braucht.
Was ist Armut?
Weniger Mohrrüben zu besitzen, als man braucht.
Was ist Faschismus?
Heute das Beet und morgen der ganze Garten.
Was ist Kommunismus?
Das Beet gehört allen Möhren. Privatmöhrentum wird abgeschafft.
Was ist Sozialismus?
Wenn niemand die Absicht hat, eine Mohrrübe zu errichten.
Was ist Demokratie?

Alle Macht geht von der Mohrrübe aus.

Was ist Revolution?

Alle Mohrrüben abzuschaffen, um Mohrrüben einzuführen.

Was wollte die Französische Revolution?

Liberté, Egalité, Karoté.

Wie hat die Französische Revolution das erreicht?

Rübe ab.

Was ist Lyrik?

Wenn es dir nur nicht den Abend trübe,

Meine einzig geliebte Mohrrübe.

Was ist moderne Lyrik?

Rübsaft, Rübunter / Im Hautgespinst der schartig gehakten Erdkrumen, du.

Was ist Science Fiction?

Marsrüben ergreifen die Weltherrschaft.

Was ist Kriminalliteratur?

Eine Mohrrübe ist tot, eine verdächtig, eine ermittelt.

Was sind Lesebühnen?

Sechs Mohrrüben stellen sich auf die Bühne und lesen vor. Alle Mohrrüben im Publikum klatschen.

Humoranalyse – heute: Der Kuckuckwitz

Wo ist denn die Mama? Jaaaaaaaaaaaa, wo ist denn die Mama?

Das Lachen ist Ausdruck von Erleichterung.

Vor der Erleichterung und der Entspannung braucht es natürlich eine Anspannung, einen wortwörtlichen oder geistigen Kitzel. Der körperliche Kitzel »Killekille« – gern auch als »Killekilleille«, manchmal sogar als »Killekillekillekille« für Fortgeschrittene – ist ein Klassiker der Kleinkinderkomik.

Gleich nach Killekille kommt Kuckuck. Ein schon etwas komplizierterer Aufbau der Komik.

Ein Tuch wird über ein Kind geworfen und es wird mit der Frage im Dunkeln gelassen, entweder wo die Mama ist, was man nicht wissen kann, wenn man sie nicht sieht, ODER noch schlimmer, wo man selbst ist, was man in dem Alter nicht mal ohne Tuch überm Gesicht wissen kann, geschweige denn beantworten.

Für die Beantwortung einer solchen Frage müsste das Kind in der Lage sein, zu sprechen UND den Unterschied zwischen hier und da zu begreifen.

»Seid ihr alle da?«, fragt der Kasper und die Kinder rufen: »JA!«, aber frug er sie weiter, nach dem: »Wo denn?«, müssten sie zugeben: »Hier!« Was ist also der Unterschied zwischen hier und da? Hier ist immer da, wo da gerade nicht ist, aber nur, wenn es sich um eine bipolare Frage handelt, denn wenn eine dritte Sichtweise dazukommt, kann da und hier durchaus dasselbe sein. Frank ist in Wien, Sarah und Bernd in Trier. Bei einem Telefonat fragt Frank Sarah: »Bleibst du noch lange da?«, und Bernd antwortet für Sarah: »Sarah bleibt hier«, darum ist bipolar für Frank Wien hier und Trier da, für Bernd Trier hier und Wien da, ABER für Sarah ist Trier hier UND da, aus der Sicht von zwei anderen Personen, die demokratisch gesehen also recht haben. Da wo Sarah ist, ist weder hier noch da, sondern hier UND da – gleichzeitig ist es aber auch NICHT hier und NICHT da, denn Frank sagt zu Sarah: »Ich vermisse dich hier!«, und Bernd antwortet wieder für Sarah: »Es ging ihr nicht gut da!« Also ist auch Wien hier UND da, weil Trier nicht-hier und nicht-da ist.

Wie soll ein einjähriges Kind also eine Frage nach dem Aufenthaltsort seiner eigenen Person beantworten? Noch dazu mit einem Tuch auf dem Kopf?

Wo ist der Timo? Wooooo ist der Timo?
　　Der Timo weiß noch gar nicht, was der Timo ist. Alle sagen oft Timo in seiner Gegenwart. Es könnte ein Wort sein. Irgendwo ist etwas Timo. Sind nicht alle ein bisschen Timo? Und dann, wenn man nichts sieht und die Verwirrung am größten ist, wissen die Erwachsenen plötzlich auch nicht mehr genau, wo das Timo ist.
　　Mama ist die Frau mit den zwei brustförmigen Flaschen, eine Tankstelle. Egal was ist, man sollte immer dafür sorgen, dass sie schön in der Nähe bleibt.
　　Das Kind ist also zu Recht beunruhigt. Wo ist die Mama? Eben war sie noch da. Ist sie weggegangen? Ist sie einfach einkaufen gegangen? Ist sie einfach nach Australien einkaufen gegangen? Ist sie einfach mit einem australischen Verkäufer Eheringe einkaufen gegangen? Und einen Schwangerschaftstest? Und dann vergisst sie das andere Kind? WEG IST DIE MAMA.

Wo ist die Mama? Timo??? Wo ist die Mama?

Wenn man kein Zeitempfinden hat, ist die Mama sogar für immer weg, wenn sie für einen Moment weg ist. Grausam. Das absolute Gegenteil von lustig.
　　Noch verwirrender ist, dass man die Mama die ganze Zeit hört, immer weiter fragend, wo sie sei und wo der Timo sei.
　　Ja, also wenn nicht mal die Mama weiß, wo sie ist, wie sollte das Kind das wissen? Ist sie krank? Dement? Gestört? Persönlichkeitsgespalten? Ist SIE Timo? Die Mama weiß nicht, wo sie ist und wer sie ist.
　　Und wenn die Mama noch dazu nicht weiß, wo das Kind ist, dann sieht es ganz mies aus für das Kind.

Wie kann aus dieser philosophisch vertrackten Situation und emotionalen Zwiebackmühle noch so ein ungemein gelungener Scherz entspringen?

Das Kind beginnt zu zappeln und reißt sich dabei entweder das Tuch vom Gesicht oder bekommt endlich das Tuch vom Gesicht gerissen. Die Welt ist wieder da. Die Mama ist wieder da und die Mama schreit, dass »DAAAA« auch der Timo ist. Damit ist klar, dass Mama der Timo ist.

Und da muss das Kind einfach lachen.

Erstveröffentlichungsnachweise

Alle hier aufgeführten bereits veröffentlichten Texte wurden für die vorliegende Buchausgabe überarbeitet.

Versuchsanordnung, Das Magazin, Juni 2011

Nach der Trennung, Fuchs, Kampa et al., Chaussee der Enthusiasten – Straße ins Glück, Voland & Quist 2009 sowie in: Das Magazin, September 2010

Ich und Outdoor, Fuchs, Kampa et al., Chaussee der Enthusiasten – Straße ins Glück, Voland & Quist 2009 sowie in: Das Magazin, Juli/August 2010

Techtel, Fuchs, Kampa et al., Chaussee der Enthusiasten – Straße ins Glück, Voland & Quist 2009 sowie in: Das Magazin, Oktober 2010

Also, ich habe nichts gegen Linkshänder, Das Magazin, Juli/August 2011

Widrig, Das Magazin, April 2011

Kreuzberg, unter dem Titel *I love Kreuzberg* in: Das Magazin, Mai 2011

Es ist weg, Das Magazin, Juni 2010

Reginas Kitzler, Das Magazin, Dezember 2010

Kocherziehung, Das Magazin, Februar 2010

Haben, Das Magazin, Januar 2011

König Kind, in: Fuchs, Kampa et al., *Chaussee der Enthusiasten – Straße ins Glück*, Voland & Quist 2009

Anonyme Solitärspieler, Das Magazin, Februar 2011

Mutter zweier Söhne, Das Magazin, März 2011

Mohrrübe, Das Magazin, November 2010

Humoranalyse – heute: Der Kuckuckwitz, unter dem Titel *Der Kuckuckwitz* in: Das Magazin, Juli/August 2012